KIRISUTO NO TANJO
by ENDO Shusaku
Copyright © 1978 The Heirs of ENDO Shusaku
All rights reserved.
Originally published in Japan.
Korean translation rights arranged with The Heirs of ENDO Shusaku, Japan
through THE SAKAI AGENCY and BOOKPOST AGENCY.

그리스도의 탄생

2003년 2월 22일 교회 인가
2003년 11월 30일 초판 1쇄 펴냄
2022년 5월 29일 개정 초판 1쇄 펴냄
2024년 8월 6일 개정 초판 3쇄 펴냄

지은이 · 엔도 슈사쿠
옮긴이 · 이평춘
펴낸이 · 정순택
펴낸곳 · 가톨릭출판사
편집 겸 인쇄인 · 김대영
편집 · 김지영, 강서윤, 김소정, 박다솜
디자인 · 양주연, 강해인, 송현철, 이경숙, 정호진
마케팅 · 안효진, 황희진

본사 · 서울특별시 중구 중림로 27
등록 · 1958. 1. 16. 제2-314호
전자우편 · edit@catholicbook.kr
전화 · 1544-1886(대표 번호)
지로번호 · 3000997

ISBN 978-89-321-1821-5 03830

값 17,000원

성경 ⓒ 한국천주교중앙협의회, 2022.

이 책의 한국어 출판권은 (재)천주교서울대교구 가톨릭출판사에 있습니다.
저작권법에 의해 한국 내에서 보호를 받는 저작물이므로 무단 전재와 무단 복제를 금합니다.

가톨릭의 모든 도서와 성물을 '가톨릭출판사 인터넷쇼핑몰'에서 만나 보실 수 있습니다.
https://www.catholicbook.kr | (02)6365-1888(구입 문의)

그리스도의
탄생

엔도 슈사쿠 지음
이평춘 옮김

가톨릭출판사

차례

예수의 죽음	9
고통스럽고 긴 밤	29
갈릴래아에서 예루살렘으로	51
탄압 사건과 최초의 분열	71
강한 스테파노, 약한 베드로	91
율법이라는 두꺼운 벽	111
제2의 박해	127
제자들과 바오로의 차이	149
제2의 분열	169

모든 길은 로마로 향한다   191

베드로와 바오로의 죽음   211

침묵의 하느님, 재림하지 않는 그리스도   233

예수의 불가사의, 불가사의한 예수   255

저자 후기   274

역자 후기   276

미주   282

예수의 죽음

예수는 활동 당시 모든 사람의 오해에 둘러싸여 있었다. 짧은 생애 동안 민중도, 적대자도, 제자들마저도 그를 전혀 이해하지 못했다. 그들은 오직 자신들의 꿈과 희망을 예수에게 걸려고 했다. 예수는 자신의 의지와는 근본적으로 다른 대중의 기대 속에서 고독했다. 서민들은 그에게서 사랑보다는 현실적인 효과를 기대했고, 대중은 로마에게 유린당하고 있는 유다를 '하느님 나라'로 회복시킬 지상적인 메시아로 내세우려 했다. 이러한 기대와 흥분은 한때 '갈릴래아의 봄'이라는 열광적 인기를 불러일으키기도 했다. 하지만 예수에게 지상적 메시아로서 의지가 없음을 알게 되자 떠나갔다. 예수의 비극적인 십자가상 죽음은 이때부터 이미 시작되었던 것이다.

이상이 내가 쓴 《예수의 생애》의 줄거리이다. 이 책은 일부 그리스도인들의 빈축을 사고 비판을 받았다. 예수를 '무력한 인간'으로 그렸기 때문이다. 더불어 성경에 기록된 예수의 기적 사화를 그의 사랑의 행위나 부활의 의미보다 중시하지 않았기 때문일 것이다. 하지만 내 생각은 여전히 바뀌지 않았다. 예수는 지상적 메시아로서의 기대를 저버렸기 때문에 사람들에게 무력한 존재로 비쳤다. 제자들조차 예수를 저버린 것은[1] 그가 자신들의 기대에 미치지 못했고, 아무것도 할 수 없는 스승이라 여겼기 때문이다.

그런데 성경의 중요한 문제는 여기서 시작된다. 무력했던 예수가 어째서 죽은 후에 하느님의 아들로 불리게 되었을까? 십자가에 매달린 예수를 저버리고 도망친 제자들은 왜 그 후에 목숨을 걸고 스승의 가르침을 전하려고 했을까? 무력한 예수가 영광의 그리스도로 바뀐 이유는 무엇일까? 겁쟁이였던 제자들이 어떻게 강한 신념과 신앙을 지니게 되었을까?

이것이 성경에서 제시하는 의문점이다. 만일 예수가 처음부터 사람들의 이해와 사랑을 받는 전능한 존재였다면 아마도 이런 의문과 과제, 수수께끼는 품지 않아도 되었을 것이다.

이 과제는 예수가 사람들에게 무력한 인간으로 보였기 때문에 중요한 의미를 지닌다. 작가 T.S. 엘리엇은 《대성당의 살인》에서 그리스도인의 말에는 현실적인 말과 차원이 다른 의미가 있다고 했다. 예를 들어, 지상적인 의미의 행복과 그리스도인이 말하는 행복은 본질적으로 다르다. 그리고 지상적인 의미에서의 무력함도 그리스도교 세계에서는 결코 무력하지 않았던 것이다. 나는 이제부터 예수 사후에 제자들이 목숨을 걸고 증명하려고 했던 이 근본적인 가치 전환의 과정을 살펴보려 한다.

그러기 위해서는 예수가 가장 무력했던 '수난의 파스카'과 '십자가에서의 죽음'을 돌아보아야 한다. 이 부분은 《예수의 생애》 결말 부분과 중복되지만 어쩔 수 없다. 문제점을 다시 한번 명확히 살펴보아야 하기 때문이다.

∽

예수가 왜 사형을 당했는지에 대해서는 여러 가지 이야기가 있다. 예수가 로마에 대항할 무리를 결성하여, 예루살렘에서 무력적 항거와 기습 작전을 펼쳤기 때문에 빌라도 총독에게 처형되었다는 견해가 있다. 이런 견해는 철학자 카를 카우츠키가 《그리스도교 기원》에서도 주장한 바가 있다. 오늘날 라이마루스나 아이슬러 같은 학자들도 같은 주장을 한다. 그러나 이러한 무력 혁명설은 추측에 지나지 않는다. 이런 추측은 예수의 제자 가운데 무력 혁명을 추구하는 열혈당원 시몬 같은 사람이 있었다는 점, 예수가 제자들에게 "칼이 없는 이는 겉옷을 팔아서 칼을 사라."[2]라고 한 것, 제자 중 하나가 스승을 붙잡으려는 "대사제의 종을 쳐서 그의 귀를 잘라 버렸다."[3]라는 내용을 근거로 한다. 이는 확실히 확대 해석이다. 만일 예수가 예루살렘에서 로마에 대한 무장 반란을 일으켰다면, 빌라도의 추궁은 예수 한 사람의 처형으로 끝나지 않을 테고 베드로를 비롯한 제자들도 십자가형에 처해졌으리라. 빌라도는 성경에 묘사된 연약한 이미지와는 달리 실제로는 유다인들에게 심한 탄압 정책을 썼다. 그런데 예수만 처형당하고 이에 가담한 제자들은 아무 처벌도 받지 않았다는 것은 아무래도 이상하다. 이 점을 보더라도 나는 예수의 무력 반란설을 인정할 수 없다.

예수를 재판하고 처형시킨 것이 로마인인지, 대사제 카야파를 의장으로 한 유다 의회인지에 대해서도 의견이 분분하다. 이는 당시 로마가 유다 의회에 사형 집행권을 허락했는지 여부와 관련되어 있다. 이에 대해 돌로 쳐 죽이는 처형법은 유다인에게도 허락되었다는 의견이 있는가 하면, 십자가형에 대한 처형권은 로마에게만 있었다는 의견도 있다.

하지만 한 가지 인정할 수 밖에 없는 사실이 있다. 바로 예수가 재판을 받고 사형에 처해졌다는 점이다. 예수는 재판에 처해서 소롱과 멸시를 받고, 4월 예루살렘의 더위 속에서 처형되었다. 성경이 묘사하는 이 '수난 사화'가 어느 정도 사실에 근거하고 있는지에 대해 한스 리츠만처럼 의문을 품는 학자도 있다. 하지만 스승을 저버리고 뿔뿔이 흩어진 제자들이 이 광경을 목격할 수 없었다 하더라도, 사람들에게서 자세하게 전해 들을 수 있었을 것이다. 그래서 수난 사화의 모든 내용이 창작이라고 판정하기는 힘들다.

어쨌든 성경에 기록된 이 수난 사화를 읽어 보면 무력한 예수의 모습에 놀라지 않을 수 없다. 수난 사화의 가장 큰 특징은 무력한 예수, 무능한 예수를 전면에 내세운다는 점이다. 성경 저자에 따르면 이전의 예수는 여러 가지 능력을 발휘했다. 병자들을 고치고, 죽은 이를 다시 살리고, 지혜로운 말을 하는 예언자의 모습을 보여 준다. 또한 성경 저자들은 예수가 제자들에게 믿음직스러운 스승이었다는 점을 자주 언급한다. 그런데 이 수난 사화에 묘사된 예수는 그 어떠한 항변도, 저항도 하지 않는 무력한 사람이다. 예수를 돕는 이는 아무도 없다. 전날까지 그의 말에 귀를 기울이던 군중은 이제 아무것도 할 수 없는 이 남자에게 욕설과 조소를 퍼붓는다. 그리고 예수가 자신을 바친 하느님 아버지조차 그의 고통에 침묵을 지키고 있다. 확실히 수난 사화는 철저하게 예수의 무력한 모습을 묘사한다.

이 점은 일단 제쳐 놓고, 예수가 겟세마니 동산에서 성전 경비대에 붙잡힌 후에 일어난 일을 살펴보자. 그는 심야에 카야파 관저에서 열린 긴급회의에서 재판을 받고, 빌라도와 헤로데 왕에게 보내진다. 예수가 골고타 처형장으로 끌려가는 동안 도대체 제자들은 어디에 숨어 무엇을 하고 있었으며, 그 심정은 어떠했을까? 이 점에 대해서 성경은 거의 아무것도 언급하지 않는다. 하지만 전후 관계나 사건 묘사로 보아 어느 정도는 추측할 수 있다.

예수가 체포당한 날 밤, 곧 유다 달력으로 니산 달[4] 사흘(요한 복음서)이나 14일(공관 복음서) 밤, 최후의 식사를 마친 예수와 제자들은 예루살렘 성 밖의 올리브 동산 기슭으로 향했다. 거기에는 올리브기름을 짜는 착유소(겟세마니)가 있어, 예수 일행은 거기서 밤을 보낼 예정이었다. 제자들은 그대로 잠들어 버렸고, 예수는 홀로 제자들 가까이에서 임박한 죽음과 수난의 고통에 휩싸여 기도했다. 이때 루카 복음사가는 "땀이 핏방울처럼 되어 땅에 떨어졌다."[5]라고 적었다. 이윽고 횃불을 든 행렬이 성문에서 이쪽을 향하여 묵묵히 다가왔다. 그들은 성전 경비대원들과 로마 병사들이었다. 선두에 선 유다가 예수의 어깨에 손을 얹고 입을 맞췄다. 소란스러움에 눈을 뜬 제자들과 경비대 사이에 난투가 벌어졌다. 이때 제자 중 하나가 칼을 빼 어떤 사람의 귀를 베자 예수가 이를 말렸다. 가장 나이 어린 제자는 몸에 두르고 있던 천을 내던지고 알몸으로 도망쳤다. 소란은 싱겁게 가라앉고, 예수 혼자서 사람들에게 둘러싸여 대사제 카야파 관저로 끌려갔다.

도망친 제자들은 그 뒤에 어떻게 했을까? 공관 복음서와 요한 복음서 모두 베드로가 예수를 부인한 이야기 외에는 아무것도 언급하지 않는다. 하지만 성경의 내용으로 볼 때 그들이 예루살렘에서 아주 가까운 곳에 숨어 있었다는 것은 확실하다. 제자들은 아마 예루살렘으로부터 도보로 30분이 채 안 걸리는 베타니아의 마르타와 마리아 자매의 집에 숨어 있었을 것이다.

그들은 스승을 저버리고 도망친 그날 밤에 공포와 불안에 휩싸였다. 스승을 이해하지는 못했으나 그의 온화함과 인격에 마음이 끌렸다. 그런 스승이 재판받고 능욕당할 때 자신들은 비겁하게 도망쳐 숨어 버렸다. 제자들의 마음은 회한과 자기혐오의 감정으로 가득 차 있었을 것이다. 훗날 이 부끄러운 추억이 베드로가 예수를 부인한 이야기를 생성하게 되었다고 해도 결코 이상한 일은 아니다.

모든 복음서에는 베드로 혼자 스승이 재판받고 있는 대사제 카야파 관저에 숨어든 것으로 되어 있다. 이 이야기는 공관 복음서와 요한 복음서에도 기록되어 있는 것으로 보아 그 핵심 부분은 사실일 것이다.[6]

"그들은 예수님을 붙잡아 카야파 대사제에게 끌고 갔다. 그곳에는 율법 학자들과 원로들이 모여 있었다. 베드로는 멀찍이 떨어져 예수님을 뒤따라 대사제의 저택까지 가서, 결말을 보려고 안뜰로 들어가 시종들과 함께 앉았다. …… 베드로는 안뜰 바깥쪽에 앉아 있었는데 하녀 하나가 그에게 다가와 말하였다. '당신도 저 갈릴래아 사람 예수와 함께 있었지요?'

그러자 베드로는 모든 사람 앞에서, '나는 당신이 무슨 말을 하는지 모르겠소.' 하고 부인하였다. 그가 대문께로 나가자 다른 하녀가 그를 보고 거기에 있는 이들에게, '이이는 나자렛 사람 예수와 함께 있었어요.' 하고 말하였다. 그러자 베드로는 맹세까지 하면서 '나는 그 사람을 알지 못하오.' 하고 다시 부인하였다.

그런데 조금 뒤에 거기 서 있던 이들이 베드로에게 다가와, '당신도 그들과 한패임이 틀림없소. 당신의 말씨를 들으니 분명하오.' 하고 말하였다. 그때에 베드로는 거짓이면 천벌을 받겠다고 맹세하기 시작하며, '나는 그 사람을 알지 못하오.' 하였다. 그러자 곧 닭이 울었다.

베드로는 '닭이 울기 전에 너는 세 번이나 나를 모른다고 할 것이다.' 하신 예수님의 말씀이 생각나서, 밖으로 나가 슬피 울었다."[7]

이 이야기가 사실을 토대로 해서 이루어졌다고 하더라도 글자 그대로 받아들이기에는 석연치 않은 점이 있다. 나는 여기에 등장하는 베드로는 베드로 한 사람만을 얘기하는 것이 아니라, 예수를 저버린 제자들 모두를 나타내는 거라고 생각한다. 이는 《베드로》를 쓴 신학자 오스카 쿨만도 지적한 바 있다. "베드로는 언제나 제자들의 대변자로 등장한다. 마르코 복음서 8장 33절에 기록되어 있는 내용에 따르면 예수는 모든 제자들 앞에서 베드로를 질책하는데, 이 질책은 베드로 개인이 아니라 제자들 모두를 대상으로 하고 있다."

따라서 쿨만의 지적이 아니더라도 예수를 부인하는 이 장면에서 생생하게 묘사된 베드로의 나약한 모습, 비겁함, 배신, 그리고 밖에 나가 슬피 울었다는 내용은 베드로 개인뿐 아니라 예루살렘 근교 어딘가에 몸을 숨기고 있던 제자들 모두의 감정을 표현한 것이다. 이처럼 예수를 부인한 베드로의 이야기는 모든 제자들의 배신을 상징적으로 표현한다.

그런데 이 장면에서 요한 복음서에는 공관 복음서와는 달리 독특한 내용이 덧붙여 있다. 베드로 혼자 카야파 관저에 숨어들어가지 않았다는 것이다. "시몬 베드로와 또 다른 제자 하나가 예수님을 따라갔다. 그 제자는 대사제와 아는 사이여서, 예수님과 함께 대사제의 저택 안뜰에 들어갔다. 베드로는 대문 밖에 서 있었는데, 대사제와 아는 사이인 그 다른 제자가 나와서 문지기 하녀에게 말하여 베드로를 데리고 들어갔다."[8]

나의 관심을 끄는 것은 대사제와 아는 사이였던 제자가 요한 사도였는지, 아리마태아 출신 요셉이었는지가 아니다. 오히려 베드로가 어떻게 대사제 관저에 들어갈 수 있었는지, 그리고 그가 관저 안의 사람들과 무엇을 상의했는가에 대한 문제이다.

요한 복음서만이 전하고 있는 이 내용이 사실이었는지 여부는 알 수 없다. 그러나 가령 창작물이라 하더라도 창작의 소재가 된 어떤 사건이 일어났고, 공관 복음서는 이를 숨기고 기록했다. 하지만 요한 복음서는 이 사건을 소재로 쓴 듯하다. 납득이 안 되는 점은 베드로와 동행한 그 제자가 붙잡히거나 문책받지 않고 대사제 관저에 들어가 문지기 여자와도 거리낌 없이 이야기할 수 있었던 점이다.

이런 내용을 볼 때 다음과 같이 추측해 볼 수 있다. 베드로와 그 제자는 도망가 숨어 있는 동료들을 대표해서 카야파 관저로 갔고, 그 제자를 중개인으로 대사제와 어떤 타협을 했던 것이 아닐까? 관저에서 베드로를 수상쩍게 여겨 캐물은 하녀나 사람들을 글자 그대로가 아닌 예수를 재판하기 위해 모인 유다 의회의 사제나 의원들로 볼 수 없을까? 만일 그렇다고 한다면 베드로 제자들의 대표자로서 의회의 재판을 받고, 그 자리에서 예수를 부인할 것을 맹세했다고 생각할 수 있다. 제자들은 모두 예수를 부인할 것을 서약하고, 요한 복음서에 기록된 제자의 중재로 더 이상 추궁받지 않고 풀려났다. 이처럼 추측하는 것은 그 후 얼마 동안 유다 의회가 예수의 제자들의 존재를 묵인하고 재판도 하지 않은 채 그대로 내버려 두었기 때문이다. 이 타협으로 제자들은 목숨을 부지하고 그 대신에 예수는 모든 이의 죄를 짊어진 희생양이 되었던 것이다.

따라서 오늘날 '예수는 인간의 죄를 짊어지고 죽었다.'라는 표현은 '예수는 제자들의 죄를 짊어지고 죽었다.'라는 실제 체험에서 생겨난 것이리라. 그 후에 제자들의 마음속에는 평생 스승이 자신들의 모든 죄를 대신하여 죽었다는 부끄러움과 회한이 남았다. 그리고 이는 십자가에 대한 이미지의 원형이 되었던 것이다.

베드로가 의회와 타협한 이튿날, 예수는 군중의 욕설과 멸시를 받으며 좁고 무더운 예루살렘의 길을 걸어 처형장인 골고타로 향했다. 그동안 제자들은 형언할 수 없는 수치심을 느끼며 자신들의 배신을 되뇌고 있었을 것이다. 자신들이 살아남기 위해서 예수가 죽지 않으면 안 된다는 감정은 관념이 아닌 사실이었다.

굴욕감, 회한, 자기혐오, 어쩔 수 없었다는 변명……. 그들은 약자가 목숨을 부지하기 위해 겪는 이런 감정을 30여 시간 동안 겪었다. 그리고 취할 수 있는 방법은 두 가지밖에 없었다. 배신자가 자신이 소속된 곳을 부정하여 살길을 찾듯이 예수를 부정하거나, 용서를 청하는 것이었다.

그러나 한편으로는 예수가 배신한 자신들을 원망하고 증오하며 죽어갈 것이 몹시 두려웠다. 어떠한 영웅도 자신을 배신한 부하를 용서할 리가 없기 때문이다. 제자들은 두려움에 차 있었다. 당시에는 수형자가 처형장에서 구경꾼에게 자신의 속마음을 토로하거나, 저주의 말을 내뱉거나, 혹은 기도를 바치는 것이 관습이었다. 그러기에 제자들은 십자가에 매달린 예수가 자신들에 대한 무슨 말을 하리라고 예상하고 있었다.

⊱

성경에 따르면 예수가 십자가에 달린 것은 정오이고, 숨을 거둔 것은 오후 세 시이다. 예수는 이 세 시간 동안 형언할 수 없는 고통에 시달렸다. 그 와중에도 자신을 지켜보고 있는 이들과 양쪽의 십자가에 못 박힌 두 죄수에게도 기력을 다해 띄엄띄엄 가냘프게 말했다.

십자가상에서 예수가 한 말과 기도는 성경에 기록되어 있는 것보다 많았을 것이다. 복음서에는 그 일부만을 발췌해서 기록한 것으로 보인다. 당시의 유다인들은 유다교 경전의 주된 부분인 시편 기도를 암기하고 있었기에 전문을 기록할 필요가 없었다.

예수는 죽기 직전, 즉 오후 세 시에 머리를 힘겹게 들고 이렇게 외쳤다. "저의 하느님, 저의 하느님, 어찌하여 저를 버리셨습니까?(엘로이 엘로이 레마 사박타니)"[9]

오늘날 많은 이들은 이 말을 예수가 내뱉은 절망의 표현으로 받아들인다. 십자가에 달린 자신에게 구원의 손길을 내밀지 않는 아버지 하느님, 기적을 베풀지 않는 그분을 향한 비애와 절망의 표현으로 말이다. 그러나 이러한 해석은 당시 유다인들의 습관을 모르기 때문에 생기는 것이다. 이 말은 시편 22편의 "저의 하느님, 저의 하느님, 어찌하여 저를 버리셨습니까?"[10]라는 비애에 찬 하소연이지만, 시편을 읽어 본 이라면 이 비애의 하소연이 이윽고 "저는 당신 이름을 제 형제들에게 전하고 모임 한가운데에서 당신을 찬양하오리라."[11]라는 찬가로 바뀐다는 점을 알아차릴 것이다. 따라서 이 말은 절망의 표현이 아니라 하느님을 찬미하는 노래의 첫 부분이다.

루카 복음서에 따르면 예수는 이 기도를 바친 뒤 조금 있다가 "제 목숨을 당신 손에 맡기니"[12]라는 31편의 기도를 바치며 숨을 거두었다. 이는 그가 "저의 하느님, 저의 하느님, 어찌하여 저를 버리셨습니까?"로 시작하여, "제 목숨을 당신 손에 맡기니 주 진실하신 하느님, 당신께서 저를 구원하시리이다."[13]라는 31편의 기도까지 숨을 헐떡이며 바쳤다는 것을 명백히 보여 준다. 예수는 십자가에서 기력을 잃은 후에도 몽롱한 의식 속에서 시편 한 구절 한 구절을 바쳤다.

공관 복음서와 요한 복음서는 십자가상에서 예수가 한 말을 서로 다르게 기록하고 있다. 더불어 십자가에 달린 죄수 중 한 명에게 "너는 오늘 나와 함께 낙원에 있을 것이다."[14]라고 한 말은 루카 복음서에만 기록되어 있다. 이는 다른 복음서에는 없는 내용이다. 루카 복음서에는 또한 "아버지, 저들을 용서해 주십시오. 저들은 자기들이 무슨 일을 하는지 모릅니다."[15]라는 말이 예수의 유언으로 기록되어 있다. 하지만 요한 복음서에 나오는 "목마르다."[16], "다 이루어졌다."[17]라는 말은 없다.

수난 사화를 사실에 근거한 이야기가 아닌 초기 그리스도교 공동체의 전례문으로 여기는 학자들이 있다. 그들은 십자가상의 이 말을 예수의 생애를 입으로 전했던 전승자의 해석에 따라 만들어진 것으로 생각하기도 한다. 한발 양보하여 그런 의견을 받아들인다 하더라도, 이런 해석이 가능하려면 근거가 되는 무언가가 존재해야 한다.

다시 말해, 예수가 십자가상에서 한 말이 성경에 기록된 그대로는 아니었다고 하더라도 본질적으로는 성경에 기록되어 있는 말과 같은 내용이었다고 생각할 수 있다. 그렇지 않다면 이 말들이 초기 그리스도교 공동체의 중요한 전례 문구로 사용될 수 없었을 것이다.

십자가상의 예수가 한 말은 두 가지로 구분된다. 하나는 시편 기도를 통해서 보여 준 하느님을 향한 절대적인 신뢰이다. 또 하나는 하느님께 자신을 그토록 고통스럽게 한 이들을 용서해 주시기를 청하는 말이다. "아버지, 저들을 용서해 주십시오. 저들은 자기들이 무슨 일을 하는지 모릅니다."[18]

제자들은 예루살렘 근교에 몸을 숨기고 예수가 십자가 위에서 무슨 말을 할지, 자신들을 얼마나 원망하며 죽을지 두려워하고 있었다. 그러다 처형장에 나가 있던 여자들, 예수의 어머니 마리아와 마리아 막달레나 같은 이들에게 모든 사실을 듣게 되었다. 그들은 예수가 자신을 고통스럽게 한 이들, 자신을 저버린 제자들에 대해 원망과 증오의 말을 한마디도 하지 않았고, 자신들을 벌하도록 하느님께 청하기는커녕 오히려 구원을 위해 기도했다는 것을 알게 되었다. "아버지, 저들을 용서해 주십시오. 저들은 자기들이 무슨 일을 하는지 모릅니다."[19]

그 말을 전해 들은 제자들은 충격을 받았다. 그들은 이러한 일을 꿈에도 생각하지 못했다. 예수는 그들이 생각하지도 못했던 사랑의 말을 건넸다. 십자가 위에 매달린 채 극심한 고통을 겪고, 혼탁해지는 의식 속에서도 자신을 저버린 이들을 사랑하려고 필사적으로 노력한 예수……. 제자들은 이러한 예수를 비로소 보게 되었다.

그뿐만 아니라, 예수는 자신의 고통과 죽음에 대해 침묵을 지키고 있던 하느님께 "아버지, '제 영을 아버지 손에 맡깁니다.'"[20]라고 전적인 신뢰를 보이며 숨을 거두었다. 시편을 숙지하고 있던 제자들은 예수가 이 한 구절을 띄엄띄엄 바쳤을 때 그것이 무슨 기도인지 잘 알고 있었다.

제자들은 이전에 이런 사람을 본 적이 없었다. 같은 시대에도 예언자는 많지만 예수 같은 사람은 없었다. 또한 과거의 예언자들 가운데도 이처럼 사람과 하느님에 대한 신뢰를 지닌 이는 없었다. 형언할 수 없는 경악과 충격이 엄습했다. 예수의 죽음을 지켜본 백인대장이 "참으로 이분은 하느님의 아드님이셨다."[21]라고 외쳤듯이 제자들도 그러했을 것이다.

그들은 비로소 자신들이 예수에 대해 아무것도 몰랐다는 사실을 알아차렸다. 그들 가운데는 예수에게 기대를 걸었다가 실망한 이들도 있고, 떠나간 이도 있었다. 예수를 끝까지 따른 이들도 성전 경비대원이나 로마 병사의 체포에 저항도 하지 않고 끌려간 비참한 모습에서 놀라운 능력 같은 것은 발견할 수 없었다. 그런데 제자들은 비로소 무언가를 깨닫기 시작했다. 생전에 예수가 한 이야기가 무엇인지, 수수께끼 같은 말을 통해서 무슨 이야기를 하려고 했었는지 조금씩 알 듯했다. 생전의 예수가 이야기하고자 했던 것이 무엇이었는지는 십자가 위에서 한 세 가지 말로 충분히 알아차릴 수 있었다.

그들은 더불어 자신들이 예수를 얼마나 오해하고 있었는지도 깨달았다. 현실적으로 무력했던 예수, 군중으로부터 쫓겨나고 많은 제자들조차도 떠나가 버린 무력한 이. 그러나 그보다도 훨씬 숭고하고 훨씬 영원한 것이 무엇인지 제자들은 이때 희미하게나마 터득했다.

예수 사후에 뿔뿔이 흩어진 제자들이 다시 모여 예수를 구세주(그리스도)로서 모시기까지는 다음 장부터 다룰 여러 과정과 단계를 거치게 될 것이다. 하지만 이 모두는 방금 이야기한 경악과 충격, 그리고 예수에 대한 새로운 이해로부터 시작된다. 그때까지 알지 못했고 오해하고 있던 스승을 재발견한 것. 바로 이것이 그들의 출발점이다. 예수는 죽었지만 새로운 모습으로 제자들 앞에 나타나 생존하고, 마음속에 부활했다.

이처럼 부활의 본질적인 의미 중 하나는 제자들이 예수를 재발견했다는 점이다. 예수는 현실에서 무력했다. 그리고 아무것도 할 수 없었으며, 갈릴래아의 민중에게 추방당했으며, 제자들에게도 버림받았다. 그리고 십자가 위에서 비참한 죽음을 맞이했다. 그런데 모든 것이 뒤바뀐 것이다. 무력한 이가 가장 능력 있는 분으로, 버림받고 추방당한 이가 가장 환영받는 이로 바뀌었다. 이때부터 제자들의 마음속에서는 산상 설교의 한 구절처럼 마음이 가난한 이는 축복받고, 우는 이야말로 하느님으로부터 위로를 받는다는, 그리스도교가 지닌 근본적인 가치로의 전환이 시작되었다.

◇

예수가 숨을 거둔 것은 오후 세 시였다. 시신은 그날 저녁 때가 되어 십자가에서 내려졌다. 시신을 인수하겠다고 빌라도에게 청한 것은 유다 의회의 의원이자 부유한 아리마태아 출신의 요셉이라는 사람이었다. 빌라도는 백인대장을 불러 예수의 죽음을 확인하게 했다. 십자가형을 받은 죄인이 일정한 시간이 지나도 숨이 끊어지지 않은 경우에는 형장에 입회한 백인대장이 몽둥이로 정강이뼈를 부러뜨려 숨을 끊는 것이 당시 로마인의 관례였다.

백인대장은 예수의 숨이 이미 끊어진 것을 확인했기 때문에 정강이뼈를 부러뜨리지 않았다. 보고를 받은 빌라도는 아리마태아의 요셉에게 시신을 넘겼다.

성경에 따르면 요셉은 은밀히 예수를 지지하던 사람이었다. 그는 전날 밤 긴급회의에도 참석했지만 예수를 죽이려던 의회의 결정과 행동에 찬성하지 않았다고 한다. 그는 예수의 시신을 아마포로 싸고, 의회 의원이지만 판결에 불만을 품었던 니코데모가 가져온 몰약과 침향 백 근을 넣어 새 무덤에 안장했다.

이틀 후, 시신이 없어졌다는 소식을 들은 베드로가 사실 여부를 확인하려고 무덤으로 달려갔다. 성경의 내용으로 보아, 그 시각에 제자들은 아직 예루살렘 근교에 몸을 숨기고 있었다는 것을 알 수 있다.

예수의 시신이 갑자기 없어졌다는 것은 성경 저자들이 지어낸 이야기가 아니라, 실제로 일어난 사건이었다. 이 점은 최근에 신학자 한스 폰 캄펜하우젠의 면밀한 연구로도 입증되었다. 성경은 이 '텅 빈 무덤' 사건에서 예수 부활로 이야기를 진행시켜 간다.

그러나 예수 부활이 실제로 있었던 사실인지는 접어 두더라도, 이날부터 제자들의 마음속에는 죽은 예수가 새로운 모습으로 생존하기 시작한다. 예수는 실제 부활 사건 이전에 이미 그들의 마음속에서 부활하기 시작했던 것이다.

고통스럽고 긴 밤

현대 성서학에 발자취를 남긴 루돌프 불트만은 예수의 가르침과 뒷날 제자들이 결성한 초기 그리스도교 공동체의 신앙을 서로 비교해 본 후, 다음과 같은 비극적인 결론에 도달했다. "예수 자신은 그리스도인이 아니다."

불트만은 신약 성경에 나타난 예수의 말씀, 가르침, 행적과 같은 모든 것을 여과해 보았다. 초기 그리스도교 공동체의 신앙이 만들어낸 부분을 제거해 본 결과, 예수는 당시 유다교를 신랄하게 비판했으나 사고방식은 유다교의 범주 안에 머물러 있었다는 결론에 이른다. 이에 반해 초기 그리스도교는 예수의 십자가상 죽음과 부활을 계기로 유다교를 초월한 새롭고 독자적인 종교라는 결론에 이르렀다.

불트만 이후에 이 점을 보정하고 강화하는 성서학자들이 등장한다. 그들 가운데는 다음과 같이 생각하는 이도 있다. "예수의 사상은 신약 사상과 다르다. 예수의 제자들은 스승의 생각을 그대로 옮긴 것도 아니거니와 계승한 것도 아니며, 또한 스승의 사고방식으로 제약받지도 않았다. 그들은 그들 자신의 입장에서 말했던 것이다."

나는 오랜 기간에 걸친 성서학자들의 이러한 면밀한 텍스트 분석과 고증에 깊은 경의를 표한다. 더불어 보수적인 신학자들처럼 그 성과를 무시할 생각은 추호도 없으며, 오히려 성경을 읽는 데 많은 도움이 되고 있다고 생각한다.

그러나 소설가는 이러한 성서학자들의 결론을 접할 때 불만을 품지 않을 수 없다. 소설가는 부족하지만 자신의 경험으로 하나의 작품이 창작되기까지의 내부 작용과 과정을 알고 있다. 혹은 자신에게 그런 체험이 없다 하더라도 훌륭한 예술가가 어떻게 작품을 창조해 내는지 정도는 안다. 작가는 한 작품을 만들기까지 형언할 수 없는 내면의 고통을 겪는다. 이는 조개 내부의 핵이 성장하여 빛나는 진주가 되기까지 성숙되는 과정과 비슷하다. 작가는 이런 과정과 의식적인 정신의 작용, 무의식적인 마음의 작용이 작품을 만들어 가는 경험을 맛보며 자신의 작품을 만든다. 만약 이런 경험이 있는 작가라면 성서학자들처럼 "예수의 사상과 신약의 사상과는 다르다."라고 단언할 수 없다. 왜냐하면 작가라면 성경을 읽을 때 자신이나 다른 예술가의 체험으로부터 소재(예수)와 작품(초기 그리스도교 공동체의 신앙) 간의 깊은 관련성을 느끼기 때문이다.

예술가는 자신에게 창작의 충동을 불러일으킨 소재 그대로를 묘사하지는 않는다. 소재는 진주조개 속의 핵에 해당한다. 예술가의 작업으로서 그 소재는 바뀌고, 다른 차원으로 재구성되어 간다. 그리고 완성된 작품은 겉으로 보기에는 소재와는 전혀 관련 없는 색채나 구성, 이미지를 갖추게 된다. 그렇지만 작품과 그 동기가 되었던 소재의 본질적인 관계를 부인할 이는 없을 것이다. 화가 폴 세잔의 캔버스에 그려진 산이 실제 산의 모습과 전혀 다르다고 해서 서로 관계가 없다고 말할 비평가는 없다.

앞에서 열거한 몇몇 성서학자들의 대담한 결론을 읽고 당혹스러움과 불만을 느끼는 것은 그들이 소재와 작품 사이의 깊은 관계를 소홀히 다룬 점이다. 소재와 작품 사이의 색채나 구성, 이미지를 단지 같은 차원에서 비교하여 전혀 다른 것이기 때문에 관계가 없다고 단언한 것처럼 생각되기 때문이다.

우리는 성경을 읽을 때 종교적인 면뿐만 아니라 예술적인 면도 느낀다. 신약 성경은 '예수의 생애'라는 제목의 연극에 비유할 수 있다. 성경 저자는 소위 예수의 제자들이라는 정신 공동체이다. 그들 중 어떤 이들은 실제로 예수와 함께 생활했으며, 그 짧은 생애에 대해 알고 있었다. 스승의 처참한 십자가상 죽음과 이에 대한 체험은 제자 공동체로 하여금 이를 소재로 한 하나의 극을 쓰도록 했던 것이다.

이 연극은 '예수의 죽음'으로 끝나지 않는다. '예수의 생애'는 그의 죽음으로 끝나 버린 것이 아니기 때문이다. 또한 예수의 죽음과 부활로 끝맺는 네 복음서는 2막까지의 이야기에 불과하며, 이어서 끝막인 3막이 시작되는 것이다. 스승의 죽음을 계기로 예수가 그리스도가 되기까지의 과정이 끝막의 주제이다. 그들에게 '예수의 생애'란 이 끝막으로 완성되는 것이고, 실제 예수의 삶은 이를테면 서곡에 지나지 않는다. 제자들은 만일 3막이 완성되지 않으면 이 연극도 막을 내릴 수 없다는 점을 알고 있었던 것이다.

모든 예술가와 마찬가지로 제자들은 소재(예수의 생애와 죽음)에서 창조의 강렬한 충동을 받았다. 하지만 예술가는 소재 그대로를 표현하지 않고 다른 차원에서 자신의 말과 이미지로 재구성한다. 이처럼 제자들과 초기 그리스도교 공동체도 자신들과 민중의 삶에서 예수의 생애와 죽음, 그리고 부활을 재구성했다. 그 핵심은 예수이다. 모든 예술 작품이 소재와 관계가 있듯이 제자들의 신앙도 이 핵으로부터 생겨났다는 점은 말할 필요가 없을 것이다.

따라서 나도 예수가 처형된 후 도망쳐 숨어 있던 제자들의 움직임이나 그들에게 일어난 사건의 경과가 복음서에 쓰인 대로라고는 생각하지 않는다. 복음서에 따르면 예수 사후에 무덤이 비어 있었고[1], 천사가 마리아 막달레나에게 예수는 부활했으며, 부활한 예수가 갈릴래아로 갈 것이라고 알려 주었다고 한다. 또한 예수는 숨어 있던 베드로를 비롯한 제자들에게 나타났고[2], 엠마오로 향하는 제자들에게 나타났다.[3] 또한 갈릴래아 호숫가에서도 모습을 드러냈다고 한다.[4] 이는 실제로 있었던 일을 그대로 쓴 것이 아니라, 제자들의 깊은 종교 체험을 중심으로 하여 만들어진 일화라는 의견에는 나 또한 일부 동의한다. 또한 그 시간 경과도 꼭 사건 경과를 따르는 것은 아니라고 생각한다. 결국 예수 사후에 제자들에게 일어난 사건의 경과는 '현실의 시간' 속에서가 아니라 '신앙의 시간' 속에서 재구성되어 있는 것이다. 따라서 예수가 죽은 후에 제자들이 다시 모이고 스승의 부활에 대해 믿음을 지니기까지는 성경에 기록된 경과를 그대로 거친 것이 아니라, 기록된 것 이상의 긴 시간이 걸렸다고 본다.

이 기간 동안 제자들이 어디로 도망쳐, 무엇을 하고 있었는지는 전혀 알 길이 없다. 어쩌면 그들은 고향 갈릴래아로 돌아갔는지도 모르며, 엠마오로 향하는 제자들처럼 갈릴래아 외의 다른 곳으로 피신했는지도 모른다. 하지만 확실히 그들은 스승의 죽음에 충격을 받고 모든 희망을 잃었으며[5], 자신들의 나약함에 비참함을 느끼며 혐오하고 있었다. 그들은 예수가 왜 그토록 허무한 죽음을 당했는지, 왜 십자가에 못 박혀 죽었는지 알지 못했다.[6] 그리고 하느님은 왜 예수의 죽음에 대해 침묵을 지키는지, 그 생애는 무의미했는지 같은 의문과 함께 스승을 배신했다는 수치심에 사로잡혔던 것이리라.

⊂⊃

예수의 죽음은 제자들에게 헤아릴 수 없는 충격과 의문을 제기했다. 제자들은 이 의문과 수수께끼를 풀기 위해 필사적이었을 것이다. 엠마오로 가는 두 제자 중 한 사람인 클레오파스가 한 말은 제자들의 이러한 수수께끼와 의문을 생생하게 전해 준다. 그의 말에는 예수가 왜 비참한 죽음을 당해야 했는지, 왜 하느님도 사람들도 그를 살리지 않고 저버렸는지, 예수의 생애는 이스라엘에게 전혀 무의미한 것이었는지에 대한 세 가지 물음이 포함되어 있다.

그들은 이 수수께끼를 풀기 위해서 어떻게 했을까? 우리가 만일 그들의 입장이라면 생전의 스승의 말과 가르침 가운데 그 고통스러운 의문을 풀 열쇠가 있는지 필사적으로 찾을 것이다. 예수의 죽음 직후에 은신처에 몸을 숨기며 해답을 찾으려 했으리라. 제자들 역시 사람들의 눈을 피해 모였다.[7] 그들은 무엇을 했을까? 아마도 예수의 말을 떠올리며 생전에 스승이 한 말을 두고 토론을 벌였을 것이다. 신학자 해럴드 리젠펠트가 말했듯이, 나는 생전의 예수가 유다교 학교에서 그러하듯이 제자들에게 자신의 가르침을 기억할 것을 명했다고 생각하지는 않는다. 하지만 그들은 분명히 스승의 말을 통해서 받은 강한 인상을 간직하고 있었을 것이다. 특히 스승 예수가 자신의 고통과 죽음을 어떻게 예언하고 있었는지가 토론의 주제가 아니었을까? 그리고 스승의 말 한마디 한마디를 어떻게 받아들여야 할지, 어떻게 생각해야 할지 열심히 이야기를 나눴을 것이다. 그들의 토론은 마치 유다인이 유다교 경전 해석을 둘러싸고 논쟁을 벌이는 이상으로 격렬함과 열기에 차 있었을 것이다. 제자들로서는 이 수수께끼를 풀지 않고서는 다른 이들의 눈에 무의미하게만 보이는 예수의 죽음에 대한 의미를 알 수가 없었다. 더불어 이제까지 자신들의 삶을 부정하는 것이 되기 때문에 더욱더 매달렸다.

오늘날 많은 성서학자들은 네 복음서가 자료로 삼은 '예수 어록집'

이 있었으리라고 추정한다. 나는 이것이 단순히 스승의 말에 대한 회고록이나 메모 같은 것은 아니라고 본다. 이 어록집은 오히려 제자들이 자신들의 고통을 덜고, 자신들이 처한 의문과 수수께끼를 풀기 위해 열띤 논쟁을 벌인 이 비밀 집회에서 생겨났다고 본다.

 제자들은 이 수수께끼를 푸는 열쇠가 예수가 생전에 했던 가르침과 말씀뿐만 아니라 선조에게서 전래된 유다교 경전 가운데 기록되어 있을 거라 생각했다. 그리고 여기에서 해답을 찾고자 했다. 왜냐하면 자신들은 사두가이나 바리사이가 아니었기 때문이다. 제자들은 로마와 타협하여 이스라엘의 긍지를 저버린 대사제나 사제 계급에 강한 불만이 있었지만, 주 하느님과 하느님이 예언자에게 위탁한 말씀만은 열렬히 믿었다. '하느님께서 직접, 또는 그분이 예언자를 통해 하신 오랜 말씀 가운데 스승의 수난과 그 의미가 숨겨진 것은 아닐까?', '사제나 많은 율법 학자들이 이야기하는 것과는 다른 신비가 거기에 담겨 있는 것은 아닐까?' 그들은 필사적으로 이 수수께끼를 풀고자 했다.

 제자들이 예루살렘 근교의 은신처에서 열심히 나눈 토론은 후에 그리스도교의 중심이 될 요소를 낳은 모태가 되었다. 물론 아직 유다교의 틀을 벗어나지 못했으며, 후세의 민족과 국경을 초월한 폭넓은 사상에는 미치지 못했다. 그들은 가르쳐 주는 스승이나 도와주는 율법 학자도 없이 자신들만의 힘으로 예수가 부여한 과제에 부딪쳐야 했다. 그러기에 유다교에는 없는 독창적인 에너지를 지니고 있었다.

 그런데 우리는 불행하게도 이즈음 그들이 열심히 음미하려고 했던 생전에 예수가 했던 말을 정확히 알 수 없다. 복음서의 자료가 된 '예수 어록집'이 오늘날 전해지지 않기 때문이다. 더군다나 그 자취를 희미하게 엿볼 수 있는 복음서에도 예수의 실제 말과 초기 그리스도교 공동체의 교의나 가르침이 혼합되어 있다.

다음에 열거하는 복음서의 일곱 가지 장면은 예수가 자신의 수난과 죽음을 제자들에게 예고하는 부분이다. 이것이 예수가 실제로 했던 말이 아니라 할지라도, 이를 전하고자 한 이러한 제자들의 노력을 볼 수 있다.

† 사람의 아들이 반드시 많은 고난을 겪으시고 원로들과 수석 사제들과 율법 학자들에게 배척을 받아 죽임을 당하셨다가 사흘 만에 다시 살아나셔야 한다는 것을 제자들에게 가르치기 시작하셨다.[8]

† 사람의 아들은 사람들의 손에 넘겨져 그들 손에 죽을 것이다. 그러나 그는 죽임을 당하였다가 사흘 만에 다시 살아날 것이다.[9]

† 보다시피 우리는 예루살렘으로 올라가고 있다. 거기에서 사람의 아들은 수석 사제들과 율법 학자들에게 넘겨질 것이다. 그러면 그들은 사람의 아들에게 사형을 선고하고 그를 다른 민족 사람들에게 넘겨 조롱하고 침 뱉고 채찍질하고 나서 죽이게 할 것이다. 그러나 사람의 아들은 사흘 만에 다시 살아날 것이다.[10]

† 사람의 아들이 많은 고난과 멸시를 받으리라고 성경에 기록되어 있는 것은 무슨 까닭이겠느냐?[11]

† 번개가 치면 하늘 이쪽 끝에서 하늘 저쪽 끝까지 비추는 것처럼, 사람의 아들도 자기의 날에 그러할 것이다. 그러나 그는 먼저 많은 고난을 겪고 이 세대에게 배척을 받아야 한다.[12]
† 사람의 아들은 정해진 대로 간다.[13]
† 사실 사람의 아들은 섬김을 받으러 온 것이 아니라 섬기러 왔고, 또 많은 이들의 몸값으로 자기 목숨을 바치러 왔다.[14]

학자들 가운데는 이러한 성경 구절이 대부분 예수의 말이 아니라 초기 그리스도교 전례 기도에서 생겨난 것으로 보는 이가 많다. 그것은 이 말들이 예수의 처형 상황에 너무나 부합되고 또한 형식면에서도 지나치게 다듬어져 있기 때문이다. 하지만 그 가운데 네 번째인 마르코 복음서 9장 12절만은 세련되지 못한 데다가 더 이상 복원할 수 없는 형태를 지니고 있다. 그렇기 때문에 이 대목은 예수의 말로 생각할 수 있다는 학자도 있다.

이 성경 구절 일곱 개가 초기 그리스도교의 전례 기도에서 생겨난 것이라고 하더라도 실은 별로 문제가 되지 않는다. 중요한 것은 이러한 예수의 수난 예고 말씀을 만들어 내지 않을 수 없었던 제자들의 심리 상태이다. 그들은 예수 수난의 의미, 처참한 죽음의 수수께끼를 밝히려고 발버둥치며 고통스러워했다. 그러기에 이러한 말을 만들어 냈다고도 생각할 수 있다.

게다가 만일 이 말들이 정말로 예수가 한 말이라 하더라도 예수를 따라다니던 당시의 제자들은 그 의미를 알 수 없었을 것이다. 특히 예수에 대한 제자들의 몰이해를 강조하는 마르코 복음서는 이에 대해 다음과 같이 표현하고 있다. "제자들은 그 말씀을 알아듣지 못하였을 뿐만 아니라 그분께 묻는 것도 두려워하였다."[15] 그들은 예수 같은 이가 고통을 당하고 허무하게 죽으리라고는 꿈에도 생각하지 못했기 때문이다. 당시 많은 유다인들에게는 '구세주(메시아)'가 비극적인 죽음을 맞는다는 관념이 없었다. 제자들은 이 참혹한 현실에 마주한 것이다. 그리고 수수께끼의 열쇠를 스승이 생전에 했던 말에서 찾으려고 했다. 그들은 문제 해결을 위해 조상 대대로 전해져 내려오던 거룩한 문서, 즉 토라, 네비임, 케투빔이라는 유다교 경전과 외경도 이용하고자 했다. 당시 유다인들은 어렸을 때부터 성경 구절을 암송하도록 교육받았다. 그러기에 거룩한 문서는 그들의 삶 자체나 마찬가지였다. 그 문서들 가운데 예언서에 예수에 관한 수수께끼를 풀 수 있는 열쇠가 감추어져 있을지도 모른다. 그들은 유다 광야에서 물을 찾는 나그네처럼 예언서의 내용을 음미하고 토론했다. 그리고 이윽고 이사야서 가운데서 그 열쇠를 발견한다. 이사야서에는 이렇게 기록되어 있다.

"보라, 나의 종은 성공을 거두리라. 그는 높이 올라 숭고해지고 더없이 존귀해지리라. 그의 모습이 사람 같지 않게 망가지고 그의 자태가 인간 같지 않게 망가져 많은 이들이 그를 보고 질겁하였다. 그러나 이제 그는 수많은 민족들을 놀라게 하고 임금들도 그 앞에서 입을 다물리니 이제까지 알려지지 않은 것을 그들이 보고 들어 보지 못한 것을 깨닫기 때문이다.

사람들에게 멸시받고 배척당한 그는 고통의 사람, 병고에 익숙한 이였다. 남들이 그를 보고 얼굴을 가릴 만큼 그는 멸시만 받았으며 우리도 그를 대수롭지 않게 여겼다. 그렇지만 그는 우리의 병고를 메고 갔으며 우리의 고통을 짊어졌다. 그런데 우리는 그를 벌받은 자, 하느님께 매 맞은 자, 천대받은 자로 여겼다. 그러나 그가 찔린 것은 우리의 악행 때문이고 그가 으스러진 것은 우리의 죄악 때문이다.

우리의 평화를 위하여 그가 징벌을 받았고 그의 상처로 우리는 나았다. 우리는 모두 양 떼처럼 길을 잃고 저마다 제 길을 따라갔지만 주님께서는 우리 모두의 죄악이 그에게 떨어지게 하셨다. 학대받고 천대받았지만 그는 자기 입을 열지 않았다. 도살장에 끌려가는 어린 양처럼 털 깎는 사람 앞에 잠자코 서 있는 어미 양처럼 그는 자기 입을 열지 않았다.

그가 구속되어 판결을 받고 제거되었지만 누가 그의 운명에 대하여 생각해 보았던가? 정녕 그는 산 이들의 땅에서 잘려 나가고 내 백성의 악행 때문에 고난을 당하였다. 그러나 그를 으스러뜨리고자 하신 것은 주님의 뜻이었고 그분께서 그를 병고에 시달리게 하셨다.

그는 제 고난의 끝에 빛을 보고 자기의 예지로 흡족해하리라. 의로운 나의 종은 많은 이들을 의롭게 하고 그들의 죄악을 짊어지리라. 그가 많은 이들의 죄를 메고 갔으며 무법자들을 위하여 빌었기 때문이다."[16]

제자들에게 이 대목은 생소하지 않았다. 아는 내용이었지만 별로 주의 깊게 보지 않은 데다가, 당시 율법 학자가 가르친 대로 여기에 쓰인 "나의 종"은 특정 개인이 아닌 이방인들에게 오랫동안 정복당하고 학대받아 온 이스라엘 민족을 가리킨다고 생각했을 것이다. 하지만 제자들은 "나의 종"이 이스라엘 민족이 아니라 예수이며, "나의 종"의 생애가 스승 예수의 생애, 곧 수난과 죽음을 예시하고 있음을 깨달았다.

즉, "나의 종은 성공을 거두리라. 그는 높이 올라 숭고해지고 더없이 존귀해지리라."[17]라는 예언은 갈릴래아 호수에서 많은 이들의 열광적인 기대와 꿈을 모았던 때의 예수를 가리키고 있었다. 그런데 예수는 그들의 기대와 꿈을 거부하고, 무능력한 자로 사람들에게 "멸시받고 배척당한"[18]것이다. 그때부터 힘든 방랑의 여정이 이어졌고, 제자들조차 대부분 예수에게서 떨어져 나가 "모두 양 떼처럼 길을 잃고 저마다 제 길을 따라갔다."[19] 그는 의회로부터 잔혹한 재판을 받았지만 "도살장에 끌려가는 어린양처럼"[20] 입을 열지 않았다. 그리고 그는 제자들의 죄를 메고 죽임을 당했다. 그 죽음은 주님의 뜻이었다. 그래서 예수는 죽기 직전에 자신을 비난하는 이들을 용서하도록 하느님께 청했던 것이다.

제자들은 예수의 생애와 이 이사야서 52장에서 53장의 내용이 신비롭게도 서로 일치한다는 사실에 놀랐다. 그들은 예수가 몸소 이 예언을 성취했다고 생각하였다. 그리고 깊은 감동을 느꼈다. 앞에서도 언급했듯이 그전까지 그들은 이 이사야서의 내용을 유다인의 운명으로 생각해 왔는데, 비로소 이것이 예수 개인을 가리키는 것임을 깨달았던 것이다.

이렇게 제자들은 이사야서를 새로운 눈으로 받아들이게 되었다. "땅은 말라 시들고 누리는 생기를 잃어 시들며 하늘도 땅과 함께 생기를 잃는다."[21] 이 말은 스승을 잃은 자신들의 마음을 그대로 표현하고 있는 듯했다. "저의 영혼이 밤에 당신을 열망하며 저의 넋이 제 속에서 당신을 갈망합니다. 당신의 판결들이 이 땅에 미치면 누리의 주민들이 정의를 배우겠기 때문입니다."[22] 그들의 뇌리 속에는 스승의 애처로운 눈빛과 미소가 뚜렷하게 남아 있었다. 사랑 자체이며 아무런 잘못도 없는 스승이 왜 죽임을 당해야 했던 것일까? 그런데 이사야서에는 이렇게 쓰여 있었던 것이다. "당신의 죽은 이들이 살아나리이다. 그들의 주검이 일어서리이다. 먼지 속 주민들아, 깨어나 환호하여라. 당신의 이슬은 빛의 이슬이기에 땅은 그림자들을 다시 살려 출산하리이다."[23]

이 대목을 보고 제자들은 깜짝 놀랐다. 주검이 다시 일어나고 먼지 속 주민들이 깨어난다고 적혀 있기 때문이다. 다른 예언서에 나오는 이스라엘의 부흥을 상징하는 소생이나 부활이라는 말과는 달리 이사야서의 이 구절은 아르타크세르크세스 3세 치하에 순교한 유다인들에 대한 예언이었다. 이는 구약 성경 가운데서 처음으로 육신의 부활을 언급하는 것으로 알려져 있다. 당시 제자들이 이 대목의 역사적 배경을 얼마나 알고 있었는지는 알 수 없다. 그렇지만 그들은 이 대목에서 가혹한 운명을 겪고 있는 이스라엘의 부흥이 아닌 예수의 부활을 감지했다.

'스승이 다시 온다! 우리에게 돌아온다!' 이러한 기대가 이때부터 제자들의 마음속에 생겨났다. 그들은 스승의 죽음에 대해 하느님이 침묵한 의미를 부활이란 말에서 찾으려 했다. 이때 제자들은 이사야서 이외에 재림에 대해 언급하는 다니엘서나 에녹서를 떠올렸을 것이다. 다니엘서에도 유다인 순교자들에 대한 다음과 같은 말이 있기 때문이다. "땅 먼지 속에 잠든 사람들 가운데에서 많은 이가 깨어나 어떤 이들은 영원한 생명을 얻고 어떤 이들은 수치를, 영원한 치욕을 받으리라."[24]

당시 미궁에 빠져 있던 제자들은 예수의 재림을 확신했다. 그들은 다른 유다인들과 마찬가지로 고난의 역사로부터 이스라엘을 구원할 메시아를 기대하고 있었다. 그러다 맞닥뜨린 예수의 죽음으로 인한 충격과 자기혐오의 늪에서 벗어나려고 발버둥 쳤다. 그들은 이사야서나 다니엘서의 이러한 예언들을 마치 목마른 나그네가 오아시스의 물을 마시듯 받아들였다.

부활이나 재림은 당시 유다인에게 일반적인 관념은 아니었다. 때로는 죽은 이의 힘이 타인에게 작용하는 것을 부활로 생각하기도 했다는 점은 "예수님의 이름이 널리 알려져 마침내 헤로데 임금도 소문을 듣게 되었다. 사람들은 '요한 세례자가 죽은 이들 가운데에서 되살아난 것이다. 그러니 그에게서 그런 기적의 힘이 일어나지.' 하고 말하였다."[25]라는 내용에서도 추측할 수 있다. 하지만 죽은 이가 생전의 모습으로 회생한다는 관념은 그다지 강하지 않았다.

그러나 이런 관념이 없었다 하더라도 그들의 마음속에는 죽음과 재생이라는 관념이 깊이 잠재되어 있었던 듯하다. 이런 관념이 유다교 주변의 여러 동방 종교 가운데서 엿보이기 때문이다. 이란 신화에는 가요마르트라는 인류의 조상이 악령에 의해 죽음의 세계에 갇혀 있다가 되살아났다는 전승이 있다. 이러한 동방 종교가 지닌 죽음과 재생이라는 관념이 마니교나 만다교 가운데도 존재하며, 이스라엘인의 사변 속에도 반영되어 있다고 말하는 학자도 있다.

제자들은 은신처에 몸을 숨기고 생전에 스승의 가르침과 말, 선조로부터 전해지는 유다 예언서 속에서 예수 죽음의 열쇠를 찾기 위해 고군분투하고 있었다. 그 배후에는 예수의 죽음을 탄식하고 슬퍼하는 이들이 있었다. 바로 예수를 따르던 여자들, 그가 슬픔과 병고를 나누어 짊어지고자 했던 갈릴래아의 가난한 이들, 그리고 이전에 예수를 저버리고 떠난 많은 제자들이었다. 그들은 예수의 얼굴과 목소리를 잊을 수 없었다. 이들이 어떻게 예수의 죽음을 받아들였는지는 알 수 없다. 그들 가운데 예수에 대한 회상이 이야기로 전해지고, 그 이야기들을 마르코 복음사가 같은 성경 저자가 편집하여 활용했다는 점은

고통스럽고 긴 밤 43

일본의 저명한 성서학자인 다가와 켄죠가 이미 명쾌하게 분석한 바 있다. 외국의 많은 학자들과 일본의 야마가타 타카오는 고대 동방 종교에서 활약한 시돈의 에슈문 신과 같은 치유 신이 예수의 이미지에 겹쳐 있다고 지적한다.

갈릴래아 지역의 역사를 살펴보면 기원전 104년에 아리스토볼루스 왕이 갈릴래아를 유다 지역에 종속시키고 철저하게 유다화하였다. 하지만 갈릴래아 지역에는 다마스쿠스에서 납탈리 지역을 지나 카이사리아 항에 이르는 대상 루트가 있었다. 그러기에 여러 동방 종교의 영향을 받았다고 생각된다. 그 가운데는 바빌론에서 전해진 죽음과 재생의 이야기, 즉 저승에 내려간 여신 이슈타르가 에아 신의 도움으로 생명의 물을 얻어 다시 지상으로 돌아왔다는 이야기도 있었다. 또한 풍요의 신 바알이 형제인 가뭄의 신 모트[26]에게 죽임을 당한 후, 누이동생 아나트의 사랑과 노력으로 되살아난다는 범신론적인 바알 신화도 포함되어 있었으리라. 당시 갈릴래아 지방의 가난한 이들은 독실한 유다인이었기에 직접적으로 이러한 신들을 예배하지는 않았을 것이다. 하지만 그 죽음과 재생의 감각은 겨울이 지난 후 봄을 기리는 갈릴래아의 어민이나 농민들에게 은밀히 영향을 미쳤다.

동방 종교와 신약 성경과의 관계를 분석한 몇몇 학자들의 책이 있다. 동방 종교의 죽음과 재생의 감각과 유다교의 죽음과 부활에 대한 기대가 제자들과 갈릴래아 집단의 의식 안에 뒤섞여 하나를 이룬다는 주장이다. 바로 이것이 예수의 죽음에 의해 촉발되어 무언가를 만들어 내려 한다는 점이 관심을 끈다.

다시 말하면 제자들은 예수의 가르침과 유다교의 예언서 속에서 부활의 근거를 발견하려 했다. 갈릴래아의 서민들은 그들의 무의식 속에 잠재하는 죽음과 재생이라는 감각에 의거하여 예수가 다시 살아나리라 기대했다. 이는 결국 철저한 일신교인 유다교적인 요소에 범신론적이고 비유다교적인 요소가 섞였음을 의미한다.

이 점은 마치 예술가의 내면으로부터 작품이 생겨나는 과정을 연상시킨다. 어떤 소재에 마음이 끌린 예술가가 오랜 시간에 걸쳐 작품을 만들 때, 이 작품이 결실을 이루는 데에는 의식적인 노력 외에 무의식에 파묻힌 모든 것이 미묘하게 작용한다. 하지만 이것만으로는 부족하다. 예술가는 이러한 의식적, 무의식적인 작용에 자신의 노력이나 의지를 초월한 무엇인가가 작용하는 것을 감지하는 경우가 있다. 이 의지를 초월한 그 무엇을 작가 앙드레 지드는 짓궂게도 '악마의 협력'이라고 표현했다. 그런데 예수가 다시 살아나기를 기대했던 제자들은 이 인간의 의지를 초월한 작용을 '은총'이라고 불렀다.

성경을 보면 제자들과 그 배후에 있는 믿음의 공동체들이 예술가가 작품을 만들어 낼 때와 같은 과정을 밟았다는 사실을 알 수 있다. 또한 제자들과 함께 예수로부터 위로를 받았던 갈릴래아의 여자들, 가난한 이들은 각각 애도와 추모의 마음에서 그리스도라는 작품을 만들어 내려고 했던 것이다. 그동안 그들은 고통스러워하며 날이 밝기를 기다렸다. 마치 한 어머니가 고통을 겪으며 새벽녘의 출산을 기다리듯이…….

제자들은 결국 다시 살아난 예수를 보았다. 길고 고통스러운 밤이 지나 아침이 온 것이다. 예수는 베드로와 친척인 야고보를 포함한 다른 제자들 그리고 가장 오랜 부활 전승을 기록한 바오로에 따르면 "오백 명이 넘는 형제들에게"[27] 나타났으며, 예루살렘과 예루살렘에서 엠마오로 향하는 길, 갈릴래아 호숫가에 나타났다. 예수는 처형되고 사흘 후에 다시 살아났다고 전해지는데, 여기서 그 구체적인 날짜는 문제가 되지 않는다. 사흘이라고 하는 것은 요나서의 요나 예언자가 큰 물고기 배 속에 사흘 밤낮을 있었다는 표현에서 빌려 온 상징적인 숫자에 불과하다. 예수가 나타난 것이 죽은 후 반년 뒤라거나, 일 년이라 하더라도 상관없다. 제자들이 기다렸던 밤은 더욱 고통스럽고 길었으리라고 생각한다.

예수의 현현[28]은 길고 고통스러운 밤을 지새운 제자들의 종교 체험이다. 이 체험이 구체적으로 어떤 것인지는 알 수 없다. 신비로운 것을 언어로 표현할 수 없다는 것은 특히 시인이 잘 알고 있을 것이다. 예를 들어, 시인 아르튀르 랭보는 신비를 언어로 표현하려고 했으나 이런 이유로 시 쓰기를 포기하고 침묵했다. 마찬가지로 제자들은 길고 고통스러운 밤을 지새운 후에 예수를 보았을 것이다. 이 결정적인 체험은 말로 표현할 수 없었으리라. 그들이 이 체험을 구체적으로 언급하지 않았다는 점은 부활에 대한 최초의 증언인 바오로의 코린토 신자들에게 보낸 서간에서 별다른 묘사 없이 예수가 나타났다는 메시지만을 전하는 것을 보더라도 알 수 있다.

후세의 복음서는 형언할 수 없는 제자들의 부활 체험을 엠마오로 향하는 제자들의 이야기[29]나 부활한 예수와 함께 식사를 했다는[30] 구체적인 내용으로 기록했다. 이를 두고 나중에 창작된 일화라고 한 신학자 에티엔느 트로크메의 의견은 옳다고 생각한다. 창작된 이런 일화는 제자들이 예수 현현이라는 종교 체험으로부터 무엇을 깨달았는지 알 수 있는 실마리가 된다. 그 일화들도 말로는 표현할 수 없는 제자들의 체험을 중심으로 하여 만들어졌을 것이기 때문이다.

나는 루카 복음서와 요한 복음서에 기록된 예수 현현에 관한 내용들이 제자들과 예수가 함께 식사를 하는 공통점을 지닌다는 점에 주목한다. 함께 식사를 한다는 것은 예수를 정신적인 지주로 하는 공동체의 연대감을 상징하는 동시에, 제자들이 예수를 삶의 동반자로서 이해했음을 가리킨다. 이 동반자 예수라는 의식은 특히 루카 복음서에 기록된 엠마오로 가는 두 제자에게 나타난 예수 현현 대목에서 한층 강하게 느껴진다. 예수가 처형된 후에 큰 충격을 받은 제자 두 사람이 예루살렘에서 대략 11킬로미터 정도 떨어진 엠마오라는 동네로 가고 있었다. 그들은 이 즈음에 일어난 모든 일에 대해 이야기를 나누고 있는데, 예수가 다가가 그들과 함께했다.

황혼이 깃든 엠마오로 가는 길. 예수는 자신을 배신하고 자책감과 절망감으로 괴로워하는 두 제자에게 다가가 함께 걷는다. "그들과 함께 걸으셨다."[31]라는 말에는 자신을 저버린 제자를 용서하고 그들의

고통스럽고 긴 밤

탄식과 고통을 함께 나누고자 하는 예수의 이미지가 확연히 드러난다. 또한 동반자 예수가 죽은 후에도 자신들 옆에 머물렀다는 종교 체험이 강하게 반영되어 있다.

 예수는 죽었다. 그러나 그는 이사야서에 쓰인 것처럼 다시 살아났다. 그리고 스승이 늘 자신들 옆에 있다는 제자들의 의식은 이 이야기를 형성하게 했으리라. 하지만 이때 예수는 제자들에게 아직 '그리스도'는 아니었다. 예수를 그리스도로 믿기까지 그들에게는 많은 과정이 남아 있었다.

갈릴래아에서
예루살렘으로

마태오 복음서에 따르면, 제자들은 예수가 처형된 후 예루살렘 근교에 숨어 있다가 고향 갈릴래아로 잠시 되돌아갔다고 한다. 마르코 복음서도 이 점을 암시하고 있고, 요한 복음서도 갈릴래아로 되돌아간 후 베드로 일행의 이야기를 전하고 있다.
　그러나 오늘날에는 제자들이 갈릴래아로 되돌아갔다는 내용에 대해 의문을 품는 학자들도 있다. 초기 그리스도교는 예루살렘파와 갈릴래아파로 갈라져 있었다. 그래서 갈릴래아파를 배경으로 한 마르코 복음사가 같은 성경 저자는 자신이 속한 갈릴래아파를 강하게 내세우기 위해서 일부러 이 귀환 이야기를 기록했다고 생각된다.
　이와 같은 의문점이 있기는 하지만 제자들이 갈릴래아로 돌아가지 않았다고 단언할 수는 없다. 따라서 제자들의 입장이 되어 생각해 볼 필요가 있다. 갈릴래아는 예수가 가장 사랑한 곳이며 제자들과 함께 다닌 곳이다. 더불어 사람들의 열광적인 기대에 응하지 않았던 예수가 추방당한 곳이기도 하다. 또한 제자들의 고향인 동시에 스승 예수에 대한 추억이 어려 있는 곳이다. 제자들이 그런 갈릴래아로 되돌아간 것은 어쩌면 당연한 일이었을 것이다. 그들은 예수의 죽음과 의미에 대해 희망적인 해답을 얻었기에 갈릴래아의 주민들에게 자신들이 알아낸 모든 것을 이야기하고 싶어 했으리라. 따라서 제자들은 복음서에 언급된 대로 갈릴래아로 돌아갔다고 생각할 수 있을 것이다.

파스카가 끝난 후, 그들은 제각각 자기 고향으로 돌아가는 순례자 사이에 몸을 숨기며 갈릴래아로 돌아갔다. 베드로를 중심으로 하는 이 일행 가운데는 슬픔에 빠진 예수의 어머니 마리아나 최초로 텅 빈 무덤을 발견한 마리아 막달레나, 요한과 야고보 형제의 어머니 마리아, 그리고 살로메라는 여자도 섞여 있었을 것이다.

여자들도 동행했기에 그들은 일단 유다인에게 적의를 품고 있는 사마리아 지방을 지나는 것을 피했다. 그리고 예루살렘에서 남하하여 예수가 수행하던 유다 광야로 내려간 다음, 세계에서 가장 오래된 도시인 예리코를 지나 갈릴래아를 향하여 북상한 것으로 짐작된다.

유다 광야나 예리코는 불과 며칠 전에 그들이 예루살렘의 파스카 축제에 참여하기 위해 예수와 함께 지나친 곳이기도 하다. 그때 그들은 죽음에 대한 스승의 결의와 비참한 죽음도 예상하지 못했다. 그저 군중의 열렬한 환호를 기뻐하며 자신들의 지상적인 영광만을 꿈꾸고 있었다. 그 기대는 성도 예루살렘에서 일시에 무너져 버리고 말았다. 기대와는 달리 예수는 처참하게 최후를 맞이했고, 자신들에게 풀기 어려운 수수께끼와 과제를 제시한 채 사라졌다. 그들은 수수께끼와 과제를 짊어진 채 강한 햇살이 내리쬐는 유다 광야를 걸어 갈릴래아로 향했다. 그리고 죽어 가는 예수의 모습과 스승을 배반한 자신들의 약함, 참다운 모습, 그가 이사야서에 예언된 생애를 살았음을 이야기했다.

황량한 광야 저쪽으로 요르단강이 숨바꼭질하듯 보이다가 이윽고 완만한 언덕과 포도밭, 그리고 조용하고 작은 마을이 나타난다. 바로 데카폴리스 지방이다. 여기서부터 갈릴래아까지는 그리 멀지 않다.

생전의 예수는 1년 동안 갈릴래아의 이곳저곳을 다녔다. 막달라, 카파르나움, 벳사이다와 같은 호숫가 마을들의 회당에서 사람들에게 이야기했다. 때로는 개양귀비 꽃이 핀 언덕에 서서 심판하는 하느님, 분노하는 하느님이 아니라 사랑의 하느님에 대해서 이야기했다. 그는 사람들로부터 소외받는 병자나 세리, 창녀에게 한없는 애정을 느꼈다. 그리고 죽어 가는 이의 손을 잡아 주었고, 사랑하는 사람에게 버림받은 이들 곁에 앉아 그 고통을 함께 나누고자 했다.

사람들은 예수를 반갑게 맞이했지만, '무력한 예수'는 매정하게 뿌리쳤다. 그 가운데는 예수에게 기적이라는 현실적인 효과만을 기대하는 이들도 있었다. 혹은 자신들의 지도자로 추대하려고 했다가, '산상설교'로 거부당하자 분노하고 실망한 이도 있다. 요한 복음서는 예루살렘의 대사제가 파견한 첩자가 그들을 선동하였으며, 예수를 따르던 제자들 가운데도 스승을 저버린 이들이 있었다고 기록하고 있다.

이러한 여러 추억이 어려 있는 갈릴래아가 멀지 않은 것이다. 제자들은 아마 나자렛을 지나갔을 것이다. 나자렛에는 예수의 친척이 있었기 때문이다. 하지만 친척들도 호의를 가지고 예수를 대하지는 않았다. 그들 가운데 야고보, 요세, 유다, 시몬은[1] 예수가 미쳤다고 하여 감금하려고 한 일마저 있었다.[2] 제자들이 갈릴래아로 돌아오는 도중에 그들을 만났는지, 아니면 그 후에 잠깐 갈릴래아 호숫가에 머무는 동안 만났는지는 알 수 없다. 그러나 이 시기에 제자들과 이들 간에 화해와 우정이 회복되었다는 점은 확실하다. 사도행전을 보면 이네 사람이 제자들 무리에 참가했다고 적혀 있기 때문이다. 이들의 참가가 제자들에게 어떠한 영향을 미쳤는지는 나중에 언급하겠다.

오랜만에 돌아온 갈릴래아는 변함이 없었다. 호수도, 건너편으로 보이는 산들도, 그리고 그 산들 뒤쪽으로 하얗게 보이는 헤르몬산도 그대로였다. 하지만 예수만이 없었다. 이를 느꼈을 때 제자들은 새삼스레 자신들이 무엇을 잃었는지 깨달았다. 제자들은 마치 사랑하는 이를 잃은 심정이었을 것이다. 그들은 먼저 생전의 예수를 기억하는 호숫가 주민들에게 수난 당일의 모든 이야기를 해 주고, 자신들이 얼마나 잘못 생각하고 있었는지 솔직하게 고백했으리라. 왜냐하면 갈릴래아의 주민들도 현실적인 효과, 즉 기적이나 민족적 지도자 같은 것에 매달렸기 때문이다. 제자들도 예수가 죽기 전에는 그의 진의를 진혀 이해하지 못했다.

제자들의 이야기에 귀를 기울인 사람은 먼저 소박하고 가난한 호숫가 사람들이었다. 예수에게 위로를 받았던 혈루증을 앓던 여자나 사람들에게 소외된 병자들, 예수의 발치에서 눈물을 흘린 여자들……. 갈릴래아에 전해지던 예수의 전승을 사용하여 기록한 마르코 복음서에는 소박하고 흙냄새가 나는 이야기가 많이 있다. 그 이야기를 최초로 전한 사람은 이때 제자들의 말에 귀 기울인 호숫가의 서민들이었고, 제자들은 자신들의 비열한 배신행위마저 감추지 않고 이야기했으리라. 그렇지 않았다면 구속주로서의 이미지가 후대 그리스도교에 생겨나지 않았을 것이다. 또한 제자들은 예수의 죽음이 던진 풀기 힘든 수수께끼와 과제에 대해 자신들이 얼마나 괴로워했는지도 이야기했을 것이다.

"당신의 죽은 이들이 살아나리이다. 그들의 주검이 일어서리이다. 먼지 속 주민들아, 깨어나 환호하여라."[3]

제자들은 이사야서의 이 내용이 예수의 생애를 이야기하고 있다는 점과 예수의 부활과 재림이 예언되어 있음을 짚어 주었다. 그리하여 그가 다시 돌아올 것이라고 사람들에게 설득시키려고 애를 썼다. 사람들은 제자들이 전하는 이 희망에 대해 의구심을 보이기도 했다. 마태오 복음서는 이에 대해 "그러나 더러는 의심하였다."[4]라고 기록하였다.

이는 당시 갈릴래아 주민 가운데 예수를 사랑의 존재, 사랑 그 자체로 생각할 수는 있어도 인간을 초월한 존재로 생각할 수 없는 이들이 있었음을 보여 준다. 그들은 예수를 당시의 표현을 빌린다면 '하느님의 아들'이나 '사람의 아들'로 생각하지는 않았다. 죽었다 다시 살아나 이 세상에 재림할 정도의 존재로는 받아들일 수 없었던 것이다.

분명히 당시 유다인 가운데는 동방 종교의 영향으로 부활의 개념을 가지고 있는 이도 있었다. 바리사이의 영향을 받은 갈릴래아 주민에게도 이러한 관념은 있었을 텐데, 그런 그들마저도 인간을 초월한 존재로는 예수를 받아들일 수가 없었던 듯하다.

복음서에서는 이러한 모순을 결코 감추지 않는다. 예를 들어, 예수를 끝까지 따랐던 제자 가운데도 동료가 목격한 스승의 부활을 처음에는 의심한 이가 있었다. 바로 토마스이다.[5] 이는 초기 제자들 중에서도 예수의 사랑을 깨닫고 그 죽음을 매우 슬퍼했으나, 그를 인간을 초월한 존재로는 믿지 않았음을 보여 준다.

갈릴래아에서는 제자들의 이야기를 들은 이들이 두 무리로 나뉘었다. 예수를 인간적인 차원으로만 생각하는 이들, 인간 이상의 존재로 생각하는 이들이 있었다. 그리고 제자들의 말 그대로 예수가 다시 모습을 드러내어 인간을 사랑하러 올 것이라고 기대하는 이들이 있는 반면, 이를 부정하는 이들도 있었다. 또한 제자들이 체험한 예수 현현을 믿는 이들과 의심하는 이들로 나뉘었다. 믿는 이들은 의심하는 이들이 생길수록 서로 긴밀히 결속한다. 제자들이나 그들 주위에 모여든 이들도 그러했다.

이로써 초기 그리스도교 공동체가 이루어지게 되었다. 먼저 예수의 재림을 바라고 믿는 이들이 모였다. 이 무리의 핵심 인물들은 사도행전 1장 13절에서 14절에 언급되어 있다. 그들은 생전에 예수를 추종하던 베드로, 요한, 요한의 형제인 야고보, 안드레아, 필립보, 토마스, 바르톨로메오, 마태오, 알패오의 아들 야고보, 열혈당원 시몬, 야고보의 아들 유다, 예수의 어머니 마리아와 예수의 사촌, 그리고 여자들이다.

무리의 중심이 된 베드로에 대해서는 뒤에서 더 언급하겠다. 요한과 야고보는 형제이다. 그들은 베드로와 마찬가지로 갈릴래아 어부 출신이며, 마르코 복음서에 따르면 다른 제자들보다 조금 더 유복한 가정에서 태어난 듯하다. 이들을 예수와 인척 관계라고 보는 학자들도 있다. 루카 복음서 9장 54절에 따르면, 이들은 성격이 과격한 편으로 갈릴래아인의 기질이 엿보인다. 예수는 생전에 이 형제를 '천둥의 아들들(보아네르게스)'[6]이라고 불렀다고 기록되어 있다.

베드로와 형제인 안드레아는 요한과 야고보 형제와 마찬가지로 갈릴래아의 호숫가 마을인 벳사이다의 어부였다. 그는 유다 광야의 요한 세례자 공동체에 들어가 지내다가 이곳에서 예수를 알게 되어 따랐다. 또한 베드로도 안드레아를 통해서 예수를 따르게 되었다.

공관 복음서에는 필립보에 관한 자료가 거의 없다. 다만 요한 복음서를 통해 그 역시 갈릴래아 호숫가의 벳사이다 출신임을 알 수 있다.[7] 그는 유다 광야에서 돌아온 예수의 부름을 받아 제자가 되었다.

공관 복음서는 토마스에 대해서도 아무런 언급이 없다. 다만 요한 복음서를 통해 그의 이미지를 간신히 파악할 수 있을 뿐, 그의 출신지가 어디고, 어떻게 제자가 되었는지는 알 수 없다. 앞에서도 언급했듯이 토마스가 예수의 부활을 의심했다는 이야기는 매우 유명하다.

바르톨로메오에 대해서도 복음서에는 그의 이름만 언급되어 있어 자세한 내용은 전혀 알 수 없다. 이 점에서는 열혈당원 시몬과 알패오의 아들 야고보도 마찬가지이다. 따라서 복음서에서 이 세 사람에 대한 단서를 얻는다는 것은 불가능하다. 단지 열혈당원이던 시몬의 경우는 예수를 알기 전에 반로마 과격 단체인 열혈당에 가입했던 것으로 보인다.

마지막으로 마태오는 당시 사람들에게 경멸의 대상이었던 세리였다. 이는 마태오 복음서와 루카 복음서에 기록되어 있다. 그가 어디 출신이고 어디서 자랐는지는 알 수 없다. 하지만 그는 예수를 만났을 때 모든 걸 버리고 따랐다. 전승에서는 그가 마태오 복음서의 저자라고 하지만, 정확한 사실은 아닌 듯하다.

사도행전의 명단에는 이들 제자 열한 명 외에 예수의 어머니 마리아와 사촌 네 명이 포함되어 있다. 이 명단은 간과할 수 없는 수수께끼를 내포하고 있다. 그 수수께끼란 예수의 사촌 네 명인 야고보, 요세, 유다, 시몬이 제자들 무리에 참가했다는 섬이다. 앞에서도 언급했듯이 그들은 예수에게 호의적이지 않았다. 예수가 유다 광야에서 돌아와 갈릴래아 선교 생활을 시작할 즈음, 이 네 사람은 예수와 행동을 함께하지만[8] 결국은 떠나갔다. 사촌들은 예수가 미쳤다고 생각하여 붙잡으러 나섰다.[9] 마르코 복음서뿐만 아니라 요한 복음서도 그들이 "그분을 믿지 않았다."[10]라고 명백히 기록하고 있다. 그런 그들이 어째서 초기 그리스도교 공동체에 투신했을까? 복음서나 사도행전 모두 그 이유에 대해서는 언급하지 않는다. 하지만 그전에 그들이 왜 예수를 미쳤다고 생각하고 붙잡으러 나섰는지 생각해 볼 필요가 있다.

이들은 모두 나자렛에서 성장했다. 나자렛의 유다인들은 원래 금욕적인 경향이 강했으며, 엄격한 율법주의자였다. 이 네 사람 가운데 야고보는 이러한 '나자렛인'의 전형이었다. 교회사가 헤제시포는 야고보를 이렇게 묘사한다. "그는 포도주나 다른 술, 고기도 입에 대지 않았다. 머리를 깎지 않았으며, 몸에 기름을 바르지 않았고, 또한 목욕도 하지 않았다." 그리고 끊임없이 기도했기 때문에 무릎이 낙타 무릎처럼 굳어 있었다고 한다. 유다인들은 조상 대대로 전해지는 율법을 철저히 지키고 성심껏 성전을 공경했다. 그 중에서도 야고보는 특히 철저하게 극기 생활을 했을 것이다.

야고보 같은 사람에게 예수는 이해하기 힘든 사촌이었다. 왜냐하면 예수는 유다교에서 가장 중요시하는 율법이나 성전보다도 사랑을 더 중요시했고, 예언자들이 이야기한 분노의 하느님, 심판의 하느님이 아닌 사랑의 하느님을 사람들에게 전하고자 했기 때문이다. 율법에 정해진 안식일 준수에 대해서도 "안식일이 사람을 위하여 생긴 것이지, 사람이 안식일을 위하여 생긴 것은 아니다."[11]라고 말하기도 했다. 또한 유다인들이 가장 거룩한 곳으로 여기던 예루살렘 성전에 대해서도 "돌 하나도 다른 돌 위에 남아 있지 않고 다 허물어질 때가 올 것이다."[12]라며 성전보다 한층 영원한 것, 곧 사랑을 가르치고자 했다. 야고보는 이런 예수를 미쳤다고 생각할 수밖에 없었으리라.

그런 야고보와 사촌들이 어째서 예수의 제자들 무리에 가담하게 되었는지는 알 수 없다. 하지만 나는 엄격한 유다인인 이 네 사람이 함께함으로서 유다교에 대한 제자들의 관점이 정해졌다고 생각한다. 바꿔 말하면, 최초의 제자들은 야고보도 납득할 수 있는 테두리, 즉 선조로부터 전해지던 유다교라는 틀 안에서 예수가 다시 이 지상에 나타날 것을 기다리며 그 가르침을 음미했다. 따라서 이 시기의 그리스도교는 국경과 민족을 초월하여 발전한 후대의 그리스도교와는 거리가 멀었다. 더불어 당시 제자들은 성전이나 율법보다도 사랑이 위대하다고 말한 예수의 개방적인 사고를 배제하고 유다교의 흐름 속에서 예수를 생각했다. 이 점이 나중에 공동체 내부의 여러 사건이나 알력의 요소로 작용했다고 생각한다.

물론 유다교의 테두리 안에 있었다고는 하지만, 제자들이 예루살렘의 주류파인 대사제나 귀족 사제들과 같은 생각을 지니고 있었던 것은 아니다. 제자들이 볼 때 예루살렘의 주류파인 사두가이는 로마와 타협한 부패한 무리였다. 스승이었던 예수도 그런 입장을 취하고 있었기 때문에 결국 처형되었던 것이다. 따라서 최초의 제자들은 유다교의 테두리에 머물러 있었지만, 사두가이에게 적의를 품고 있던 유다 광야의 에세네파처럼 반주류적이고 비정통적이었다. 하지만 겉으로는 사두가이에 대해 적대적인 태도를 보이지 않았다. 그들은 이따금 모여 갈릴래아 호숫가의 산에서 기도하며[13], 다른 유다인들과 마찬가지로 율법을 지키고 유다 경전을 읽었을 것이다.

제자들을 지탱하고 있었던 것은 다시 살아난 예수가 머지않아 이 지상에 재림할 것이라는 희망이었다. 그래서 그날이 오기 전까지 준비를 해야 한다는 생각을 지니고 있었다. 제2이사야서에서 취한 이 희망을 그들의 말로는 "주는 오신다(마란 아타 MARAN-AT)."라고 표현한다. 제자들의 이 간절한 소망은 한층 적극적인 의미의 "주님, 어서 오소서(마라나 타 MARANA-TA)."였다. 어머니를 배신한 자식이 죽은 어머니를 추모하듯, 제자들은 자신들이 저버린 예수를 그리워했다. 또한 예수가 비겁했던 자신들을 대신해서 십자가에서 처형되었다는 점을 결코 잊을 수 없었다. 그들은 수치심과 후회로 괴로워하며 자신들의 이러한 심정을 더욱 확대시켰을 것이다. 그래서 예수가 모든 인간의 죄를 혼자서 짊어졌다고 생각하게 된 것은 어쩌면 당연하다고 할 수 있을 것이다.

따라서 제자들이 예수에 대해 지닌 첫 이미지는 인간의 죄를 대신하여 희생되었다는 것이다. 더불어 예수가 다시 이 지상에 모습을 드러내어 그 옛날 그러했듯이 이 갈릴래아 호숫가에서 자신들을 사랑하러 올 것이라는 '마라나 타'의 희망으로 이루어져 있었다. 이 두 가지 이미지는 예수의 처참한 죽음으로 인한 충격과 제자들 자신의 배신이라는 현실 체험에서 생겨난 것인 만큼 생생하게 느껴졌을 것이다.

∽

예수의 제자들은 갈릴래아로 몸을 피해 작은 무리를 만들고 집회와 기도 생활을 했다. 이 정보는 갈릴래아 호숫가의 첩자를 통해 예루살렘 의회에도 전해졌을 것이다. 그러나 복음서에 대사제 카야파나 사두가이의 사제들이 이 점을 문제시했다는 내용은 없다. 이 무리가 문제시될 정도로 큰 세력도 아니었으며, 다른 유다인들과 마찬가지로 율법을 존중하고 있었기 때문이다.

복음서에 따르면 베드로는 우직스럽고 성급한 성격의 갈릴래아인 기질이 있는 인물로 묘사된다. 무리의 중심이 된 이때의 베드로에게는 조직의 지도자로서 세심하고 신중한 일면이 있었을 것이며, 이 점은 훗날 그의 행동을 보더라도 알 수 있다. 야고보를 비롯하여 독실한 유다인인 예수의 사촌들을 제자들과 함께하도록 하며 유다인들의 경계심을 완화시켰던 것도 베드로의 지혜로운 처신이라고 생각될 정도이다.

이 작은 무리에 새로운 사람들이 어느 정도로 가담했는지는 전혀 알 길이 없다. 그러나 오늘날 학자들 중에 최초의 그리스도교는 갈릴래아를 중심으로 하여 북부 팔레스티나에서 생겨났다고 보는 견해가 많다. 신학자 에른스트 로메이어는 《갈릴래아와 예루살렘》에서 초기 그리스도교는 '이방인의 갈릴래아'라고 불리던 갈릴래아와 동쪽의 베로이아, 그리고 데카폴리스와 북쪽의 헤르몬산에 이르는 지역에서 점차 생겨났다고 한다. 이 '이방인의 갈릴래아'는 예수가 선교 여행을 다닌 지역이다. 그곳의 주민들 가운데는 생전의 예수가 율법이나 성전에 구애받지 않고 보다 높은 사랑과 사랑의 하느님을 이야기했음을 그제야 깨달은 이도 있었을 것이다. 이들이 최초의 제자들 무리에 가담했을 때, 유다교의 테두리 안에만 머물러 있는 공동체에 의문과 불만을 품은 것은 어쩌면 당연한 일인지도 모른다. 앞에서 말했듯이 이윽고 생겨나는 공동체의 알력은 거기에서 시작되는 것이다.

사도행전에 따르면 제자들은 갈릴래아 호숫가에서 결성된 가족을 데리고 성도 예루살렘으로 이주한다. 그 시기와 이유에 대해서는 언급되어 있지 않다. 아마 나의 추측으로는 예수가 갈릴래아로 온다고 생각하며 기다리다가 성도 예루살렘으로 생각을 바꾸었던 것이리라. 그리하여 제자들 가운데에서 베드로처럼 결혼한 이들은 가족을 데리고 예루살렘으로 이주했다.

성도 예루살렘은 스승 예수의 수난과 죽음의 기억이 아직 생생하게 남은 곳이었다. 또한 자신들의 나약함과 배신이 아프게 떠오르는 곳이기도 하다. 때문에 이곳으로 돌아오기까지는 굳은 결심이 필요했다. 사도행전에 따르면 그들은 올리브산 쪽에서 예루살렘에 들어갔다. 사도행전의 저자로 추정되는 루카 복음사가가 이 구절을 기술할 당시, 그는 자신이 전에 기록한 루카 복음서 19장을 떠올렸을 것이다. 루카 복음사가는 수난과 죽음을 결심한 예수가 나귀를 타고 이 올리브산을 내려와 예루살렘으로 들어간 광경을 묘사하기 때문이다. 그때 예수는 눈 아래 펼쳐진 예루살렘 시내를 바라보며 "오늘 너도 평화를 가져다주는 것이 무엇인지 알았더라면 ……! 그러나 지금 네 눈에는 그것이 감추어져 있다."[14]라며 눈물을 흘렸다. 이제 제자들은 그때와 같은 길을 걸어 예루살렘을 향하여 내려간다. 눈물을 흘리며 말했던 스승을 생각하면서…….

제자들은 올리브산을 내려와 예루살렘에 들어갔다. 그들은 '다락방'이 붙어 있는 집을 거처로 삼았다. 다락방은 당시 율법 학자들의 서재나 집회 장소로 쓰였는데, 제자들은 기도 장소로 이런 집을 필요로 했다. 전승에 따르면, 이곳은 예수가 최후의 만찬 때 제자들과 함께 식사를 한 집이었다고 한다. 그들은 이 예루살렘 곳곳에서 마지막 날의 예수를 생생하게 떠올렸다. 좁고 구불구불한 길은 그날 예수가 무거운 십자가를 짊어지고 비틀거리며 걸었던 곳이다. 또한 다윗 성문 가까이에 위치한 빌라도의 관저는 예수가 로마 병사들에게 조롱당하고 빌라도에게 사형선고를 받은 곳이다. 그리고 올리브산 기슭에 있는 착유소(겟세마니)는 성전 경비대에게 붙잡힌 곳이다.

하지만 제자들에게 무엇보다도 고통스러웠던 것은 '골고타'라고 불리는 예루살렘 성 밖의 처형장과 대사제 카야파 관저를 대하는 것이었으리라. 카야파 관저는 예수가 사두가이의 의원들에게 재판받은 회의 장소일 뿐만 아니라, 베드로가 제자를 대표하여 카야파와 타협하여 스승을 저버린 굴욕과 배신의 장소였기 때문이다.

제자들은 예루살렘으로 돌아와 스승의 수난을 떠올리는 동시에 자신들의 나약함, 비겁함을 뼈저리게 느꼈다. 그리고 그러한 자신들을 원망하거나 미워하지도 않고, 하느님께 용서해 주도록 청한 스승의 사랑을 떠올렸다.

'이런 분이 그냥 죽었을 리는 없다. 또 하느님이 저버릴 리가 없다. 그분의 고통과 죽음에는, 알 수는 없지만 하느님의 심오한 섭리가 있을 것이다. 때문에 그분은 다시 살아난 것이고, 다시 이 지상에 모습을 드러낼 것이다. 그렇지 않으면 우리들의 나약함은 도저히 용서받을 길이 없다…….'

이것이 예루살렘에 돌아온 제자들의 솔직한 감정이었을 것이다. 사도행전은 이 시기에 그들이 "한마음으로 기도에 전념하였다."[15]라고 적고 있다. 그들은 스승을 배신한 자신들의 나약함, 수치심을 견디며 기도에 전념했다. 또한 제자들이 "그들은 날마다 한마음으로 성전에 열심히 모이고"[16], "그들은 모두 한마음으로 솔로몬 주랑에 모이곤 하였다."[17]라고 적고 있다. 이는 제자들이 보통의 유다인들과 마찬가지로 성전을 참배하고 율법에 따라서 생활하고 있었음을 보여 준다. 이 점은 초기 그리스도교의 역사 가운데서 대단히 중요한 요소이다. 그들은 유다인 외에는 자신들의 공동체에 받아들이지 않았다. 그런 의미에서 아직 배타적이고 폐쇄적이었다. 예수를 '구세주'라고 여기고 그의 재림을 믿었으나, 스승을 죽인 대사제나 의회에 반항하지는 못했다. 요약하면 그들은 유다교라는 범주 내에서 예수의 재림을 생각하고 있었던 것이다.

대사제 카야파나 예수를 재판한 의회 의원이나 사제들, 이를테면 사두가이는 예수의 제자들이 예루살렘으로 옮겨 왔다는 것을 알고는 있었다. 하지만 대수롭지 않게 생각했다. 그들이 볼 때 제자들은 스승을 저버리고 자신들과 타협한 무리에 불과했던 것이다. 그뿐 아니라 당시 대사제들은 민중을 선동하는 위험한 행동을 하지 않는 한 유다교의 분파를 묵인하는 정책을 쓰고 있었다. 그들이 볼 때 성전에 매일같이 기도하러 다니는 이 나자렛파는[18] 유다교를 해치는 무리는 아니었다. 특히 예수의 사촌들 네 명, 그중에서도 야고보의 독실한 생활은 대사제 카야파 일행을 안심시켰다.

어쨌든 제자들은 공동생활을 하면서 점차 초기 그리스도교의 모태가 되는 조직을 만들기 시작했다. 이 시기에 무리 가운데서 베드로와 예수의 사촌인 야고보 중에 누가 더 존경을 받았는지는 알 수 없다. 베드로는 생전에 스승 예수가 우두머리로 지명한 인물인 반면, 야고보는 예수와 혈연관계가 있었다. 물론 무리 가운데는 예수의 어머니 마리아도 있었지만, 당시 유다인에게는 남존여비의 풍습이 있었기에 제외되었다. 스타우퍼 같은 학자는 베드로와 야고보 간에 자리다툼이 있었다고 본다. 바로 부활한 예수를 최초로 목격한 이가 누구였는가에 대한 문제를 두고, 베드로를 첫 번째로 두는 서방의 복음서 전승과 야고보를 첫 번째로 하려는 동방의 복음서 전승이 서로 대립하기 때문이다.

과연 야고보와 베드로 사이에 미묘한 자리다툼이 있었는지는 알 수 는 없다. 그러나 이 무리 가운데서 야고보가 유다교 전통과 가깝고 사 고도 보수적인 반면에, 베드로는 그다지 보수적이지도 않고 오히려 신중했다. 이런 점은 뒤에 나오는 그들의 행동에서 추측할 수 있다.

유다교라는 틀 안에 머물러 있던 제자들이 예수에 관한 일에 침묵 을 지키고 있었던 것은 아니다. 그들은 매일 성전을 참배하고 그곳에 모인 사람들에게 예수의 생애와 부활과 재림에 대해 이야기했다. 죽 은 이의 부활을 믿지 않는 합리주의적 사고를 가진 유산 계급, 고급 사제, 토지 귀족으로 이루어진 사두가이는 그 이야기에 귀를 기울이 지 않았다. 하지만 장인이나 수공업자 계층에서 지지자가 많았다. 그 리고 부활이나 최후의 심판, 천사와 영의 존재를 믿는 바리사이 중에 서도 차차 제자들의 말에 귀를 기울이는 사람이 늘어났다. 이때 바리 사이와 제자들 간에는 사고방식에 있어 단 한 가지를 제외하고는 큰 차이는 없었다. 바로 예수의 부활과 재림을 믿는가 거부하는가 하는 점이었다. 복음서에는 바리사이를 비난하는 대목이 여러 군데 나오는 데, 이는 후에 사두가이가 소멸한 뒤 초기 그리스도교와 바리사이 간 의 알력을 반영한 것이다. 따라서 제자들의 말을 진지하게 경청한 이 들은 예루살렘의 상류 계층보다는 장인이나 수공업자 같은 서민들이 었다.

예루살렘 성전에서 제자들이 자주 모였다는 솔로몬 주랑은 키드론 계곡에 접해 있다. 이곳은 그전에 예수가 자주 다녔기 때문에 제자들에게도 추억이 어린 곳이다.[19] 그들은 사람들에게 무엇을 전했을까? 사도행전에 기록된 논리 정연하고 확신에 찬 제자들의 설교는 사도행전 저자가 나중에 구성한 것이다. 따라서 사실 그대로라고는 볼수 없다. 나는 제자들이 사도행전에 쓰인 내용보다 더욱 소박하고 고통스러운 심정으로 자신들이 새롭게 발견한 예수를 이야기했을 거라고 본다. 또한 예수를 저버리고 배신했었다는 점을 숨김없이 고백했으리라. 그렇게 하지 않았더라면 바리사이들은 예수에게 마음이 기울어지지 않았을 것이고, 더 나아가 제자들 무리에 가담하지 않았을 것이다.

예루살렘 주민 가운데는 십자가를 짊어지고 비틀거리며 형장으로 끌려간 예수의 모습을 목격한 이들도 많았다. 그들은 예수의 그런 비참한 모습을 뚜렷이 기억하고 있었기에 제자들의 솔직한 말과 고백을 현실감 있게 들을 수 있었다.

그렇다면 초기 그리스도교는 예수를 저버리고 배신한 비애에서 시작되었다고 할 수 있을 것이다. 또한 배신한 제자들을 미워하기는커녕 끝까지 사랑하려고 했던, 어머니와 같은 예수의 모습에서 생겨나게 되었다. 배신한 자식에게도 사랑을 베푼 어머니와의 관계. 이 같은 관계에서 인간의 모든 죄를 짊어지는 예수의 이미지가 생겨났다. 또한 인간의 그러한 나약함, 가련함을 이해해 주는 동반자 예수의 이미지가 생겨났고, 그 동반자 예수가 다시 자신들 곁에 올 것이라는 신념도 생겼다. 이처럼 예수가 그리스도가 되기 전까지 지녔던 이미지는 제자들의 생생한 고백에서 시작되었다.

탄압 사건과
최초의 분열

이렇게 해서 예루살렘으로 돌아온 제자들의 말에 귀 기울이는 이들이 조금씩 늘어났다. 앞 장에서도 이야기했듯이 처음 얼마 동안 사람들은 이 '나자렛인'들을 새로운 종교의 지도자라고는 생각하지 않았다. 예루살렘의 유다인들은 처형되었던 예수에 대한 기억이 생생했지만, 자신들에게 굴복한 예수의 제자들이 유다인으로서 생활하는 것을 보고 마음을 놓았다. 그들은 유다교 가운데 귀족 사제를 주체로 한 사두가이, 많은 장인이나 수공업자를 신도로 확보한 바리사이, 또한 유다 광야에서 은둔 생활을 하는 에세네파인 쿰란 공동체처럼 이 '나자렛인'들도 유다교의 한 분파 정도로 생각했던 것이다.

예루살렘의 유다인들은 '나자렛인'들은 예수를 사람들의 죄를 짊어지고 죽은 의인으로 여기고, 그가 다시 살아나 하늘로 올라갔으며 머지않아 재림할 것이라 믿는다고 보았다. 이외에는 유다교의 다른 파와 그다지 차이점이 없었다. 뿐만 아니라 베드로의 신중한 지시에 따라 열심하고 경건하게 생활하고 빠짐없이 성전을 참배하며 하느님을 찬미했기에, 모든 사람이 그들에게 호감을 가졌다.[1] 게다가 이 '나자렛인'들은 생전의 예수처럼 병자들을 고쳐 주었다.

귀족 계급으로 이루어진 사두가이는 '나자렛인'들을 무시했다. 그래서 그들이 주장하는 의인의 부활을 황당무계한 생각으로 받아들였다. 하지만 서민 계급으로 이루어진 바리사이 가운데는 부활을 믿는 이가 많았고, '나자렛인'들이 전하는 예수의 재림 이야기에 흥미를 느끼는 이들도 생겨났다.

아마 이러한 현상은 서민들이 오랜 기간 유다교가 지니던 분노의 하느님에 지쳤기 때문이리라. 사실 그들은 분노하는 하느님이 자신들의 역사 한가운데 함께한다고 생각했다. 그들은 나라가 여러 이민족에게 유린당하고, 인내하며 고난의 생활을 해야 했던 것도 그분의 분노 때문이라고 생각하였다. 따라서 하느님의 분노가 풀리는 날, 자신들을 위해서 '메시아'를 보내 줄 것이라 여겼다. 그리고 메시아가 이민족을 내쫓아 유다 땅에 영광과 긍지를 회복시켜 주리라는 기대를 품고 오랜 세월을 버텨 왔던 것이다.

이때 '나자렛인'들은 예수야말로 기다리고 기다리던 메시아이며, 하느님께서 인간이 저지른 죄를 사해 주시길 청하며 처참하게 죽었다고 전했다. 그래서 제자들은 예수의 이미지를 하느님과 유다인 사이의 단절된 관계를 회복시킬 중개자로서 열성적으로 전했고, 이런 이야기는 그들에게 매력적으로 느껴졌을 것이다. 그러기에 제자들 무리에 함께하는 이들이 생긴 것은 당연했다.

이렇게 해서 처음에는 제자와 예수의 친척만으로 이루어졌던 공동체는 작지만 조직을 갖추게 되었다. 초기 그리스도교가 싹튼 것이다.

∽

사도행전에는 이 공동체의 경제생활에 대한 기록이 전해진다. 그들은 원칙적으로 공동생활을 하며 음식도 배급하였다. 공동체는 구성원의 기부로 유지되었다. 단지 모든 재산을 헌납하고 공유 재산제로 생활한 유다 광야의 쿰란 공동체와는 달리, 초기 그리스도교 공동체에서는 각자의 사유 재산을 인정했다. 사도행전은 키프로스 섬 출신의 레위인인 바르나바가 자신이 소유한 밭을 팔아 그 돈을 기부한 일을 기록하고 있다. 공동체는 그가 밭 이외의 재산을 사유하는 것을 인정했다.

이렇게 해서 조직의 경제생활이 확보되자 보궐 선거를 할 필요가 있었다. 예수는 생전에 제자들 가운데서 사도 열두 명을 뽑았는데, 유다가 배신하고 죽었기 때문에 그 자리가 비어 있었던 것이다. 유다의 자리를 채우기 위해 베드로를 선거 위원장으로 하는 집회가 열리고, 바르사빠스라고 불렸던 요셉과 마티아라는 두 사람이 후보로 나왔다. 요셉은 '유스투스'라는 별명으로 불리던 사람이었다.

사도행전에는 이때 제비뽑기를 하여 마티아를 선출했다고 적혀 있는데, 당시의 유다인에게는 제비뽑기하는 풍습이 없었기 때문에 이 대목을 창작으로 보는 학자들도 있다. 어쨌든 새로운 공동체는 작지만 형태를 갖추기 시작했다. 그들이 '그리스도인'이라고 불린 것은 나중의 일이다. 당시는 '나자렛인'이라고 불렸으며, 자신들끼리는 '성도' 혹은 '가난한 이'라고 불렀다. 물론 이 '가난한 이'라는 말은 금전적인 의미가 아니라 '마음이 가난한 이'라는 의미이다. 그리고 그들은 자신들의 활동을 '이 길'이라고 불렀다.

공동체의 대표자는 베드로였다. 앞에서 언급한 공동체의 경제생활 확립이나 유다의 자리를 보충하는 선거에서도 베드로가 지도적인 발언을 하는 것을 사도행전을 통해 엿볼 수 있다. 복음서에서 우직하고 성급한 인물로 묘사된 베드로가 신중하고 포용력 있는 지도자로서의 모습도 갖췄음을 후에 그의 행동을 보더라도 추측할 수 있다.

당시 베드로가 특히 신경을 썼던 것은 갓 생겨난 공동체가 유다인들의 쓸데없는 미움이나 박해의 대상이 되지 않도록 하는 일이었다. 그 때문에 그는 두 가지 방법을 썼다. 첫 번째로는 먼저 경건한 유다인이었던 예수의 사촌인 야고보를 공동체의 지도자 무리에 가담시켰다. 두 번째로는 사두가이와 바리사이가 숭배하는 성전을 경시하는 태도를 보이지 않았다는 점이다. 이는 대단히 중요하다. 베드로의 의견에 따라서 사도들은 물론 공동체 신자들도 열심히 성전을 참배했고, 사람들 앞에서 성전을 모독하는 말은 하지 않았다. 제자들은 사두가이와 바리사이가 성전을 모욕하는 자만은 절대로 용납하지 않는다는 것을 잘 알았다. 또한 그들이 스승 예수를 처형시킬 때 성전을 모독했다는 것을 구실로 삼았음도 알았다. 따라서 베드로는 아마 이 점에 대해 모두에게 엄중히 타일렀을 것이다.

그러나 베드로의 이러한 신중한 방침에도 불구하고 예수를 신봉하는 이상, '나자렛인'들이 유다인으로부터 의혹을 받는 것은 피할 수 없었다. 처음 얼마 동안 예수의 제자들을 무시했던 대사제 카야파와 사두가이는 이 새로운 단체에 관심을 가졌다. 그리고 제자들 무리에 함께하는 이들이 늘어나는 것을 보고는 경계했다. 물론 그들은 자신들이 사형시킨 예수를 잊지 않았다. 카야파는 제자들이 예수를 부인하는 조건으로 더 이상 그들을 문책하지 않았다. 그런데 그 제자들이 예루살렘으로 돌아와 거주하며 새로운 단체를 구성했을 뿐 아니라, 사람들에게 처형당한 예수의 부활과 재림을 전하는 것이다. 앞서 이야기한 것처럼, 카야파와 같은 사두가이의 사제들은 바리사이와는 달리 죽은 이의 부활을 믿지 않았다. 대사제는 즉시 그들의 지도자인 베드로를 심문하기로 했다.

사도행전은 사두가이의 사제와 성전 경비대장, 그리고 사두가이 무리들이 대사제의 명령을 받아 베드로와 요한을 연행한 사건을 기록하고 있다. 마침 그날은 의회의 모임이 열리는 날이어서 카야파는 물론 그의 장인이자 전임 대사제였던 한나스가 있었다. 그리고 요한과 알렉산드로스를 비롯한 대사제 가문 사람들도 모두 있었다. 사도행전은 이때 베드로가 태연하게 예수의 부활과 그가 메시아임을 설파했다고 전하고 있다.

그러나 베드로의 항변 내용을 실제로 있었던 일이라고 보기 힘들다는 학자들도 있다. 에티엔느 트로크메 같은 학자는 루카 복음사가가 재판에 관한 전승을 훗날 베드로의 설교와 결부시켜 이 대목을 구성한 것으로 본다. 그런데 그 진위는 차치하더라도, 이때 카야파를 비롯한 사두가이가 '나자렛인'들에게 불안과 경계심을 품고 어떤 형태로든 제자들을 취조했다는 점은 확실하다.

의회는 이 새로운 단체에 대한 조치를 협의한 결과, "다시는 아무에게도 그 이름으로 말하지 말라."[2]는 조건으로 베드로와 요한을 석방했다. 그 이상 손을 쓰지 않았던 것은 그들을 벌할 결정적인 요소가 발견되지 않았기 때문이다. 결정적인 요소란 성전을 멸시하거나 경시하는 것이었다. 그들은 이러한 언동을 하지 않을 뿐 아니라 오히려 빠짐없이 성전을 참배하고 있었던 것이다. 의회는 어쩔 수 없이 예수의 이름으로는 절대로 말하지도 말고, 가르치지도 말라고 금하는 정도로 두 사람을 풀어 주었다. 베드로의 신중한 태도가 최초의 위기에서 공동체를 구한 것이다.

사도행전은 그 후에 두 번째 체포가 있었음을 전하고 있다. 만일 이 내용이 사실이라면, 제자들은 의회의 경고를 무시하고 여전히 예수의 이름으로 가르치며 예수의 재림을 사람들에게 전했다. 신중한 베드로가 이런 일을 감행한 것은 예수 없이는 자신들의 공동체가 존재할 수 없으며, 예수의 재림을 기다리는 것이 공동체의 존재 의의였기 때문이기도 했다. 그리고 첫 번째 체포를 통하여 성전을 경시하거나 모욕하지 않는 이상 의회가 결정적인 조치를 취할 수 없으리라는 점을 간파하고 있었기 때문이다.

앞서 의회는 베드로와 요한 두 사람만 체포했으나, 이번에는 핵심적인 제자들을 모두 체포했다. 사두가이 사제들은 "우리가 당신들에게 그 이름으로 가르치지 말라고 단단히 지시하지 않았소? 그런데 보시오, 당신들은 온 예루살렘에 당신들의 가르침을 퍼뜨리면서, 그 사람의 피에 대한 책임을 우리에게 씌우려 하고 있소."[3]라며 문책했지만 베드로 일행은 항변했다. 사도행전은 그들이 채찍질만 당하고 풀려난 것은 바리사이 학자인 가말리엘이 사도들을 변호해 주었기 때문이라고 전한다. 그는 두 명의 인물을 예시로 든다. 바로 쿠스피우스 파두스가 로마 총독이었던 시절, 사람들을 요르단강으로 데리고 간 뒤, 자신의 말 한마디로 강이 갈라지고 길이 생긴다고 호언장담을 하다가 살해된 거짓 예언자 테우다스와 갈릴래아에서 반란을 일으켜 살해당한 유다라는 남자였다. 그러면서 "저들의 그 계획이나 활동이 사람에게서 나왔으면 없어질 것입니다. 그러나 하느님에게서 나왔으면 여러분이 저들을 없애지 못할 것입니다."[4]라고 변호했다.

하지만 이 사도행전의 기록이 사실인지 아닌지는 알 수 없다. 학자들 가운데는 가말리엘의 연설과 플라비우스 요세푸스의 《유다 고대사》를 비교한 결과, 가말리엘의 연설 내용에 시대적인 착오가 있다는 점을 발견하고 이 대목은 루카 복음사가의 창작일 것이라는 의견도 있다.

사도행전이 언급한 이 두 사건은 대사제 카야파를 비롯한 사두가이가 막 싹트기 시작한 초기 그리스도교에 압력을 가했음을 생생하게 전해 준다. 그리고 바리사이 율법 학자 가말리엘의 연설 또한 당시 바리사이가 이 새로운 공동체에 대해 적의를 품고 있지 않았음을 암시한다. 또한 이러한 박해 가운데서 사도들이 신변의 안전을 도모할 수 있었던 것은 그들의 사고가 유다교라는 틀 안에 머물고 있었고, 특히 예루살렘 성전을 존중하는 태도를 지녔기 때문이다. 베드로의 신중하고 유연한 지도 방침이 성공했던 것이다. 적어도 예루살렘의 사두가이는 예루살렘의 상징이자 긍지인 성전을 모욕하지 않는 한 손을 쓰지 않았다.

어떤 종교 조직이 결속을 다지는 것은 통상적으로 적으로부터 박해를 받는 시기이다. '나자렛인'들의 공동체도 안일하게 예루살렘에서 포교 활동을 계속했다면 이곳에서 예수의 재림을 기다리던 유다교의 일개 분파로 끝났을지도 모른다. 따라서 대사제 카야파를 비롯한 사두가이의 탄압을 받은 것이 오히려 새로운 활력을 불어넣는 계기가 되었다고 생각한다. 의회가 일체 예수의 이름으로 가르치지 말라고 한 금지령은 오히려 '나자렛인'들에게 예수의 이름을 옹호하고, 예수를 보다 흠모하며 떠받드는 계기가 되었다고 말할 수 있지 않을까? 나는 이 두 번에 걸친 탄압 사건 이후에 예수에 대한 이미지 변화가 공동체 가운데 서서히 일어났다고 본다.

이미 언급했듯이, 그때까지 제자들의 예수론은 스승에 대한 자신들의 배신과 후회, 굴욕감에서 생겨났다. 제자들을 살리기 위해 자신을 희생 제물로 바치고, 십자가에서 처형된 예수를 인간의 죄를 짊어진 사랑 그 자체인 의인으로 받아들였다. 더불어 현현이라는 종교 체험과 예수에 대한 깊은 흠모의 정은 제자들로 하여금 부활과 재림을 굳게 믿도록 하였다. 사랑의 예수에 대한 이미지는 사두가이와 대사제에게서 받은 박해로 위축되기는커녕 오히려 강해졌다. 그들이 예수의 이름으로 말하거나 가르치지 말라고 하면 할수록 제자들을 비롯한 새로운 공동체의 신도들은 '예수는 누구인가?'라고 되물었다.

말하자면 이 사건이 예수가 '메시아'로서 신봉되는 최초의 계기가 되었다. 제자들은 예수를 인간의 죄를 속죄하고 이 지상에 재림하여 인간을 초월한 존재로 흠모하고 있었을 뿐, 하느님과 동일한 존재로 여기지는 않았다. 그런데 지금 이 탄압 사건을 계기로 '나자렛인'들은 대사제나 사두가이에 은밀히 맞서기로 했다. 상대가 예수를 모욕하면 할수록 그를 영예스럽게 여기고 떠받들고자 했다. 상대가 예수를 묵살하면 할수록 스승은 그들의 신앙 속에서 점차 '사랑의 의인'에서 '메시아'로 부상하게 되었다. 제자들은 사랑 그 자체였던 예수가 죽은 후에도 부당한 취급을 받는 것을 견딜 수 없었던 것이다. 그래서 인간의 죄를 짊어지고 하느님과 인간의 화해를 중재한 예수를 '메시아'로 믿기 시작했다.

이 구세주(메시아)라는 관념에서 예수가 다윗 임금의 후손이라는 사고가 생겨났다. 기원전 586년에 유다 왕국이 멸망된 이후에 유다인들은 종종 옛적의 다윗 임금 시대를 그리워했다. 유다인들 사이에서는 다윗의 후손 가운데서 자신들을 구할 인물이 나오리라는 이야기가 전해지고 있었다. 이는 구약 성경에 나오는 "그런 다음에야 이스라엘 자손들이 돌아와 주 저희 하느님과 저희 임금 다윗을 찾을 것이다. 그 마지막 날에 이스라엘 자손들은 두려워하며, 주님과 그분께서 베푸시는 좋은 것을 향해 돌아올 것이다."[5] 하는 내용과, "그들은 주 그들의 하느님을 섬기고, 내가 그들에게 일으켜 줄 임금 다윗을 섬길 것이다."[6]라는 내용에도 나타나 있다. 또한 마태오 복음서 첫머리에는 "다윗의 자손이시며 아브라함의 자손이신 예수 그리스도의 족보."[7]라는 기나긴 계보가 기술되어 있다. 또한 루카 복음서 3장에서 양부 요셉의 계보를 거슬러 올라가 다윗 임금이 예수의 선조라고 증명하는 것도 이 때문이다.

당시의 새로운 공동체가 예수는 다윗의 후손이라는 점을 기존의 예수가 지닌 이미지에 삽입했던 것은 분명히 사두가이 대사제의 계보를 의식한 행동이었다. 또한 유다인들에게 예수를 '메시아'로서 전하기 위한 선교의 수단이었다고 생각된다. 예수를 알고 있던 제자들이나, 혈연인 마리아와 사촌들이 예수가 다윗의 후손이라는 관념에 대해 어떻게 생각했는지는 알 수 없다. 제자들은 계보보다도 더 본질적인 것을 예수에게서 발견했기 때문이다. 그리고 예수가 다윗의 후손인지보다 그의 부활과 재림을 굳게 믿는 것이 훨씬 중요했다.

'다윗의 후손'이라는 관념뿐만 아니라 그 옛날 예언자들이 말한 '사람의 아들'의 이미지가 제자들로부터 부여된 것이라고 말하는 학자들도 있다. '사람의 아들'이란 유다교의 메시아 사상을 이루는 중요한 관념의 하나이다. 이는 구약의 에녹서나 다니엘서에 나타나 있는 하늘의 왕의 이미지를 지니고 있다.

"내가 이렇게 밤의 환시 속에서 앞을 보고 있는데 사람의 아들 같은 이가 하늘의 구름을 타고 나타나 연로하신 분께 가자 그분 앞으로 인도되었다. 그에게 통치권과 영광과 나라가 주어져 모든 민족들과 나라들, 언어가 다른 모든 사람들이 그를 섬기게 되었다."[8]

'사람의 아들'이란 분명히 하느님에게서 파견된 하느님의 아들이며, 전 세계를 정신적으로 지배하는 하늘의 왕이다. '사람의 아들' 전승은 사도들의 출신지였던 갈릴래아 지방에 뿌리 깊게 전해지고 있었다. 그러기에 그들이 예수에 대해 '사람의 아들'의 이미지를 품은 것은 당연하다고 하겠다. 단지 그 시기가 탄압 사건이 일어난 직후인지, 아니면 훨씬 뒤였는지에 대해서는 명확한 자료가 없다.

그러나 우리와는 인연이 멀고 익숙지 않은 '사람의 아들'의 이미지에 대해 한 가지 주의할 것이 있다. 앞에서 인용한 다니엘서에 따르면 '사람의 아들'은 모든 민족과 언어를 지배하며, 유다교를 초월한 국경과 민족을 초월한 하늘의 왕으로 소개되어 있다는 점이다. 이때 갓 싹 트기 시작한 공동체의 사도들은 유다교의 틀 안에서 예수를 전하고 있었다. 그들의 선교 대상은 어디까지나 유다인들로서 이방인에게는 전혀 관심이 없었다.

따라서 이때 이미 초기 그리스도교가 예수에 대해 '모든 민족', '모든 언어'를 지배할 '사람의 아들'의 이미지를 지니고 있었다면, 공동체 가운데 자신들의 종교가 유다교를 초월하도록 하고자 한 이들이 있었다는 이야기가 된다. 그러나 그 시기의 제자들은 거기까지 생각이 미치지 않았다. 뿐만 아니라 그러한 생각에 반발했다.

어쨌든 두 번의 탄압 사건으로 초기 그리스도교 공동체는 예수를 단순한 사랑의 의인에서 보다 높은 '주님'으로 섬기기 시작했다. 다시 말하면 예수는 신적인 존재로 한 걸음 나아간 것이다. 이는 예수가 그리스도로 높아지는 첫 번째 단계라고 할 수 있다. 이러한 영향과 더불어 이 탄압 사건이 초래한 또 하나의 파문에 주의할 점이 있다. 바로 초기 그리스도교 가운데는 이 탄압 사건을 계기로 대사제나 사두가이의 탄압에 대해 맞설 결심을 한 과격한 신도들도 있었다는 점이다. 이 신도들은 이때부터 대사제나 사두가이의 정신적인 거점인 예루살렘 성전을 무시하기 시작했다.

∝

오늘날도 예루살렘을 방문한 여행객은 키드론 계곡이나 올리브산 기슭에서 구 예루살렘 시를 둘러싼 갈색의 신전(하람 아스-샤리프) 성벽을 올려다볼 수 있다. 거기에는 '바위 돔'이라고 불리는 팔각형의 성전 지붕이 강한 햇살을 받아 빛나고 있다. 물론 오늘날 관광객이 보는 성전은 서기 690년에 이슬람 제국의 황제 아브드 알 말리크가 세운 것이다.

성전 마당에서 이 광경을 보면 어쩐지 감개무량함이 몰려온다. 물론 성전은 예수나 제자들이 참배했던 그 모습이 아니다. 그렇지만 성벽에서 내려다보이는 갈색의 산들이나 황야는 예수 시대와 그다지 바뀌지 않은 풍경이다. 이 성전이 이민족에게 얼마나 많이 유린당했던가! 예수 사후에도 예루살렘 성전의 역사는 파란만장했다. 유다인의 반란을 제압한 로마군에게 점거되었다가 페르시아인들에게 넘겨졌고, 그 후 이슬람 제국이 출현하며 이슬람인에게 빼앗겼다. 후에 십자군의 예루살렘 입성으로 그리스도교 성지로 탈환하였으나 다시 이슬람인들의 손에 넘어갔다. 이러한 유린의 역사 안에서도 유다인들은 이곳을 자신들의 거룩한 성지로 숭배했다.

예수나 제자들이 참배하던 시절의 성전은 오늘날보다도 훨씬 웅장하고 화려했다. 당시의 성전은 헤로데 대왕이 46년이나 걸려 세운 것이었다.[9] 최근의 발굴 작업으로 예수 당시의 성벽을 현재의 성벽 아랫부분이나 소위 '통곡의 벽'이라고 불리는 바깥쪽 노출 부분에서 볼 수 있다. 커다란 돌들을 쌓아 올려 만든 이 성벽을 바라보고 있노라면 "스승님, 보십시오. 얼마나 대단한 돌들이고 얼마나 장엄한 건물들입니까?"[10]라고 외쳤던 제자의 말을 떠올리게 된다.

당시의 성전은 사방 1,380미터 길이의 경내와 여덟 개의 문과 두 개의 넓은 안뜰로 되어 있었다. 주위에는 회랑이 있어 거기서 상인이나 환전꾼이 장사를 했다.[11] 안뜰 한가운데 우뚝 선 성전은 석조였으며,

금으로 장식되었다. 특히 순금으로 된 지붕의 첨탑은 예루살렘의 자랑거리 중 하나였다고 한다.

고고학자 앙드레 파로는 "성전은 거의 천 년에 걸쳐서 유다인들 가운데 하느님의 현존을 드러내던 그들의 정신적이며 종교적인 영원한 고향이었다."라고 말했다. 예루살렘의 유다인에게 성전은 종파 구별 없이 경외심을 가지고 예배를 드리는 성소였다. 매년 파스카에는 유다 각지의 순례자들이 무리를 지어 예루살렘에 모여 희생 제물을 제단에 바쳤다. 그리고 하느님께 유다의 회복을 간구하고 자신들을 구원할 메시아의 출현을 기다렸다. 성전은 유다인들의 생명이자 그들 자신이었다.

유다교의 틀 안에 머물러 있던 초기 그리스도인들도 이 성전을 공경하는 마음은 변함없었다. 그들이 바리사이의 호의를 얻었던 것도 성전을 빠짐없이 참배했기 때문이다. 결국 성전을 존중하는 태도는 카야파를 비롯한 사두가이로부터 자신들을 지키고, 더불어 서민들 가운데 지지자를 확보하는 계기가 되었다. 그런 의미에서 성전을 존중하던 야고보의 존재는 의미가 있었고, 공동체의 지도자인 베드로의 생각은 결실을 맺었다.

예수의 이미지는 초기의 인간적인 차원에서 차차 신격화되기 시작했다. 그러자 초기 그리스노인들의 마음속에 성전과 예수의 관계는 미묘하게 바뀌어 갔다. 특히 그들에게 압력을 가하던 사두가이가 성전을 관리하고, 대사제 카야파가 성전의 실권을 쥐고 있었던 만큼 새로운 공동체의 신자들 가운데 성전의 의미를 새롭게 생각하는 이가 나온 것은 당연하다. 처음에는 은밀히 이야기를 주고받았지만 점차 커지기 시작했다. 그들은 예루살렘 성전이 과연 절대적인 가치가 있는지, 어째서 절대적인 권위를 지니고 있는지 생각했다. 이러한 행동은 분명히 성전을 맡고 있던 사두가이에 대한 도전이었다. 하지만 공공연한 도전은 이제 겨우 걸음마를 시작한 공동체의 운명을 위태롭게 했다. 성전 경시는 사두가이뿐 아니라 호의적이었던 바리사이마저도 적으로 삼는 행동이었기 때문이다. 사두가이와 바리사이, 에세네파 역시 성전을 모독하는 행위는 용납하지 않는다.

사도행전은 보수적인 사도들이 초기 그리스도교 공동체 내부에서 일어나기 시작한 성전 경시론에 대해 어떤 태도를 보였는지 언급하지 않는다. 하지만 공동체의 운명에 위험을 초래할 수 있다는 이유로 이들을 반대하는 무리도 있었을 것이다. 어쨌든 이때 베드로의 지도 아래 일치해 있던 공동체가 처음으로 분열 조짐을 보이게 되었다.

사도행전은 분열의 조짐을 소극적이며 간접적으로 묘사한다. "그 무렵 제자들이 점점 늘어나자, 그리스계 유다인들이 히브리계 유다인들에게 불평을 터뜨리게 되었다. 그들의 과부들이 매일 배급을 받을 때에 홀대를 받았기 때문이다."[12] 그래서 사도들은 양쪽의 분쟁을 해결하고 자신들이 기도와 말씀 봉사에만 전념할 수 있도록 전담자 일곱 명을 선발하기로 했다. 이는 오늘날의 수도원에서 정신적인 지도를 하는 신부와 수도원의 일상적인 일들을 주로 하는 수도사로 나뉘어 있는 것과 비슷하다. 사도행전은 이때 선발된 일곱 명이 스테파노, 필리포스, 프로코로스, 니카노르, 티몬, 파르메나스 그리고 그리스어를 쓰는 유다인 신자인 니콜라오스였다고 말한다.

사도행전에 따르면, '그리스계 유다인'과 '히브리계 유다인'의 논쟁은 외면상 양식 분배 문제로 인한 단순한 갈등으로 보이나 배후에는 복잡한 문제가 있었다. 그 배후에는 유다교라는 테두리 내에서 예루살렘 성전을 중시하는 보수파와 반대로 경시하는 개혁파 간의 대립과 분열이 숨어 있다.

'그리스계 유다인'들은 어떤 사람들일까? 그들은 이스라엘 땅을 떠나 외국으로 이주한 유다 이민자들 혹은 그 자손들이다. 예로부터 유다인들은 아시리아, 바빌론, 페르시아, 마케도니아 등의 지배를 받다가 당시는 로마 제국의 통치하에 있었다. 그들 가운데 많은 유다인들이 '떠돌이 유다인'으로서 국외에서 방랑 생활을 해야 했다. 키프로스 출신의 바르나바가 자신이 소유한 밭을 팔아 공동체에 기부했다고 했는데, 바르나바처럼 그리스 지역으로 이주하여 살다가 다시 유다 땅으로 돌아온 유다인들이 당시 5만 명 정도 되었다고 한다.

그들은 이국에 살면서도 유다인으로서 생활했다. 오늘날에도 미국이나 유럽에 살고 있는 이스라엘인이 유다교 회당을 세우고 유다 축제를 기리며 복장까지 유다인의 풍습을 고수하는 모습을 볼 수 있다. 당시의 유다 이민자들은 오늘날 이상이었다. 그들을 '디아스포라'라고 불렀는데, 이 명칭이 언제부터 생겨났는지는 알 수 없다.

초기 그리스도교 공동체에 이 디아스포라 유다인이 상당수 있었다는 점은 흥미롭다. 그들 가운데는 생전의 예수의 말을 들은 이들이 적지 않게 있었을 것이고, 새롭게 가담한 이들도 있었을 것이다. 디아스포라 유다인들은 왜 제자들이 전하는 예수의 이야기에 귀를 기울였을까? 그들은 본토의 유다인 못지않게 유다인으로서 열심히 살면서 그리스 생활 풍습의 영향을 받았을 것이다. 따라서 조상 대대로 전해져 내려오는 비관용적이고 엄격한 유다교에 대해 거리감을 느꼈으리라 짐작된다. 사막에서 생겨난 유다교에서의 분노의 하느님, 심판의 하느님, 즉 '부성의 종교'에는 자연의 혜택이 풍부한 그리스 풍토에 젖어 있던 그들이 따를 수 없었던 요소가 있었으리라 생각된다.

예수가 가르친 사랑의 하느님, 용서의 하느님 이미지는 유다교의 비관용적이며 엄격한 하느님의 이미지와는 다른 혁신적인 것이었다. '그리스계 유다인'들, 즉 디아스포라 유다인이 이 가르침에 마음이 끌렸던 것은 당연한 일이리라. 초기 그리스도교 공동체 가운데 디아스포라 유다인들이 하나의 파벌을 형성할 정도로 많이 가담한 것은 이런 이유 때문이 아닐까 한다.

그들은 다른 이들과 마찬가지로 예수의 직제자인 사도들의 권위를 인정하고 그 지도를 따르고 있었다. 그런데 그들의 수가 발언권을 지닐 정도로 많아지자 사도들로서는 이들의 의견을 무시할 수 없게 되었다. 이 점은 앞서 이야기한 식량 배급 문제에서도 잘 드러나 있다.

사도들은 '그리스계 유다인' 무리에서 일곱 명을 선발하여 일상 업무를 전담하게 했는데, 이들은 공동체 안에서 사도들과 마찬가지로 선교 활동에도 관여할 정도로 세력을 지니고 있었다.

그들은 성전을 중요시하는 베드로와 야고보에게 불만을 품기 시작했다. 선조 때부터 오랜 기간 외국에서 살았으며, 파스카 때에도 예루살렘을 순례할 수 없었던 그들이 예루살렘 성전을 존중하지 않았던 것은 어쩌면 당연한 결과인지도 모르겠다. 그들은 오히려 예루살렘 성전을 지나치게 숭배하는 것은 타락이라고 생각하였다. 그리고 자신들이 믿는 예수가 성전을 중요시하지 않았으며 의회에서 성전을 모독했다고 하여 재판받은 사실을 떠올렸다. 그리고 사도들이 이 점에서 예수의 가르침을 따르지 않고 있다고 생각하기에 이르렀다.

아마 이들과 사도들 사이에는 성전 문제로 인해 논쟁이 있었을 것이다. 하지만 사도행전은 이 점을 노골적으로 묘사하지 않고, 식량 배급에 대한 불만이라는 형태로 간접적인 묘사를 한 것으로 짐작해 볼 수 있다.

베드로는 이 점에 대해 상당히 우려했다. 이 분열이 표면화되면 공동체의 운명에도 영향을 미치게 될 것이며, 성전을 경시하면 사두가이는 물론 바리사이나 그 밖의 유다인들도 절대로 용납하지 않을 것이었다. 그의 우려에도 불구하고 공동체 내의 디아스포라 가운데서는 스테파노라는 이가 가장 과격한 입장을 취했다.

강한 스테파노,
약한 베드로

스테파노는 베드로나 바오로의 명성에 비해 별로 부각되지 않는 인물이다. 그렇지만 사도행전을 읽어 보면 그가 초기 그리스도교의 발전에 기여하였음을 알 수 있다. 스테파노는 사두가이를 두려워하며 예루살렘에서 소극적인 선교 활동을 하던 제자들의 근본을 뒤흔들었다. 하지만 그의 경력, 나이, 과거의 직업은 전해지지 않으며, 언제부터 '나자렛인' 무리에 가담했는지도 불분명하다. 게다가 유일한 자료인 사도행전도 그에 대해서 있는 그대로 전하고 있다고는 생각되지 않는다. 이렇게 안개 속에 싸인 듯 애매하나, 초기 그리스도교 역사에서 그를 지울 수는 없다.

 우리가 스테파노에 대해서 알 수 있는 단서는 두 가지이다. 바로 그가 앞 장에서 이야기한 '그리스계 유다인(디아스포라)' 중 한 사람이었으며, 그 무리 가운데서 제법 영향력을 지녔다는 점이다.

 '그리스계 유다인'들은 처음에는 '나자렛인' 무리 가운데서 별 영향력을 행사하지 못했을 것이다. 점차 이들의 수가 많아지자 발언권이 커졌다는 것은 앞에서도 이야기했다. 베드로를 비롯한 제자들이 그 가운데서 일곱 명을 선발하여 일상 업무를 전담할 자격을 부여했던 것도 영향력을 무시할 수 없게 되었기 때문이다.

그들은 유다 촌사람 같은 사도들과는 달리, 유다 이외의 다른 나라들도 잘 알고 있었다. 그러기에 낡은 가죽 부대에 담긴 술을 마시는 사도들을 못마땅하게 여기기도 했다. 또한 베드로를 비롯한 사도들이 여전히 보통의 유다인처럼 살고 있다는 점도 불만이었다. 그들은 사도들이 예수를 전하고 있기는 하지만, 예수의 정신대로 살고 있다고 생각하지는 않았다.

물론 생전의 예수는 유다인으로서 부끄럽지 않게 살았다. 그러나 형식적인 종교 규범이나 의무적인 종교 생활은 중요시하지 않았다. 그는 인간의 슬픔과 사랑에 가장 큰 가치를 두었다. "안식일이 사람을 위하여 생긴 것이지, 사람이 안식일을 위하여 생긴 것은 아니다."[1]라는 말과, "이 성전을 허물어라. 그러면 내가 사흘 안에 다시 세우겠다."[2]라는 말을 보자. 이런 발언은 그가 유다인들이 무엇보다도 중요하게 여긴 율법이나 예루살렘 성전보다 인간의 슬픔이나 사랑을 중요하게 생각했음을 보여 준다.

그럼에도 불구하고 초기의 사도들은 예수를 점차 인간 이상의 존재인 주님, 즉 '퀴리오스'로 숭배했으나 여전히 율법이나 성전을 중시했다. 경건한 유다인이었던 예수의 사촌 야고보는 물론, 신중한 베드로도 마찬가지였다. 그 나름대로 예수의 정신을 알고 있으면서도 겉으로는 성전과 율법을 존중하는 태도를 지녔던 것이다. 베드로는 예수가 사두가이나 민중에게 규탄받은 중요한 이유가 율법과 성전을 경시했기 때문임을 잘 알고 있었다. 스승을 주님으로 섬기면서도 그와 같은 전철을 밟지 않으려 했던 것이 초기에 베드로가 취했던 자세였다.

스테파노를 중심으로 하는 '그리스계 유다인'들이 이러한 사도들에게 불만을 품은 것은 당연한 일이다. 그들은 베드로를 비롯한 사도들을 겁쟁이로 여겼다. 스테파노 일행은 예수를 뛰어난 유다교 개혁자로 생각하였는데, 예수가 예루살렘 성전이나 율법보다 사랑이 위대하다는 것을 전 생애에 걸쳐 가르쳤기 때문이다. 그런데 사도들은 예수의 개혁 정신을 계승하고 있지 않고, 사두가이의 압력을 두려워하며 공동체 유지에 급급했다. 또한 '그리스계 유다인'들은 외국인과 자주 접촉했기 때문에 이방인들을 받아들이는 데 개방적이고 관대했다. 그러나 유다교의 틀 안에 머물러 있던 이 시기의 사도들로서는 이방인을 받아들인다는 것은 꿈에도 생각할 수 없었다. 따라서 스테파노 일행의 불만은 아마 이 두 가지에 있었다고 생각된다.

보수파와 혁신파, 신중함을 강조하는 사도들과 대담함을 촉구하는 새로운 신도들. 조직이라면 나타나는 대립과 갈등이 초기 그리스도교에도 일어났다. 아마 양 집단은 토론에 토론을 거듭했으리라. 그래서 베드로는 분열을 염려하여 중재하려고 노력했을 것이다.

사도행전에는 감추어져 있지만, 전후 관계로 보아 이 두 집단이 결국은 결별하지 않았을까 추정한다. 그 자세한 이유는 후술하겠다. 이로써 그때까지 공동생활을 하고 있던 양 집단은 따로따로 거주하게 되었다. 원래는 공동체의 일상 업무만을 담당하던 스테파노 일행도 독립하여 선교 활동에도 종사하게 되었다.³ 한편에서는 사도들이 이전과 마찬가지로 예루살렘 성전을 참배하며 그곳에 모인 유다인들에게 설교를 하고 있었다. 또한 성전을 무시하는 스테파노 무리는 자신들과 같은 그리스계 유다인이 모이는 회당에서 선교 활동을 했다.⁴

'그리스계 유다인'들은 자유인이라는 독자적인 전통과 특유의 의식을 기반으로 한 조직을 가지고 있었는데, 당시 유다교에는 흔히 있는 일이었다. 어쨌든 스테파노 일행은 키레네 사람, 알렉산드리아 사람, 킬리키아와 아시아에서 온 사람들이 모이는 회당에 나가 종교 논쟁을 벌이고 있었다.

신중한 베드로는 이 분열을 반기지 않았다. 그는 가능하다면 공동체의 일치를 깨고 싶지 않았을 것이다. 그러나 한편으로는 성전이나 율법을 중시하지 않는 스테파노 일행의 사고방식에 사람들이 어떤 반응을 보일지 궁금했다. 그는 스승 예수의 정신을 알고 있었기에 결국 자신들도 성전이나 율법과 대결해야 한다고 생각하면서도, 그러기엔 용기가 부족했다. 신중하다는 것은 때로 용기가 없다는 것을 의미한다. 이 시기 베드로의 심리를 상상해 보면 모순이 느껴진다.

막 생겨난 조직의 지도자인 베드로는 많은 유다인을 자극하는 위험을 피하고자 했다. 그러나 성전이나 율법보다도 사랑을 중시한 스승의 생각을 누구보다도 잘 알고 있던 것도 베드로였다. 그런 그로서는 스테파노 일행이 과격하지만 순수한 의지가 있음을 부정할 수는 없었다. 거기에 베드로의 약점이 있었다. 그도 자신의 약점을 충분히 의식하고 있었다.

베드로의 이러한 고뇌를 뒤로 한 채, 스테파노 무리는 사도들과 헤어진 후 독립적으로 행동하기 시작했다. 특히 스테파노는 베드로처럼 타협하는 성향이 아니었다. 그 때문에 스테파노는 '그리스계 유다인'들의 회당에서 주저하지 않고 용감하게 예루살렘 성전을 부정하는 발언을 했다. 사도행전은 한 장을 할애하여 스테파노의 사고방식을 개괄적으로 전해 준다.

물론 그것은 실제 스테파노의 연설 그대로라기보다는 이후의 초기 그리스도교 공동체의 사고가 반영된 것이라고 생각할 수 있다. 이 부분에는 스테파노의 용감한 정신이 살아 있다.

"하느님을 위하여 집을 지은 사람은 솔로몬이었습니다. 그러나 지극히 높으신 분께서는 사람의 손으로 지은 집에는 살지 않으십니다. 이는 예언자가 말한 그대로입니다. '하늘이 나의 어좌요 땅이 나의 발판이다. 너희가 나에게 무슨 집을 지어 주겠다는 것이냐? — 주님께서 말씀하신다. — 또 나의 안식처가 어디 있느냐? 이 모든 것을 내 손이 만들지 않았느냐?'"[5]라고 스테파노는 외쳤다.

스테파노의 이 말은 명백히 예루살렘 성전을 부정하는 발언이었다. 예루살렘 성전을 숭배하는 것은 우상 숭배이다. 성전은 손으로 만든 장소에 지나지 않는다. 그 옛날 하느님은 한 예언자를 통하여 자신이 머무르는 곳은 성전 같은 데가 아니라고 하셨다는 것이 요지였다.

구약을 읽어 보면, 스테파노가 인용한 예언이 이사야서 66장에 나와 있음을 알 수 있다. 그런데 이 이사야서에 쓰인 성전 부정의 관념은 원래 사무엘기에 나오는 나탄의 예언에서 전해진 것이다.

"주님의 말씀이 나탄에게 내렸다. '나는 이집트에서 이스라엘 자손들을 데리고 올라온 날부터 오늘까지, 어떤 집에서도 산 적이 없다. 천막과 성막 안에만 있으면서 옮겨 다녔다.'"[6]

스테파노는 이 나탄의 예언을 근거로 한 이사야서의 내용을 인용했다. 그는 가장 순수한 성전은 예루살렘 성전처럼 금으로 지어진 웅장한 건물이 아니라, 오히려 그 옛날 다윗 임금 통솔 하에 있던 이스라엘 선조들이 유목 생활을 할 때에 장막 속에서 마음으로부터 하느님을 섬기던 정신이라고 이야기했다. 그런데도 예루살렘의 유다인들은 웅장한 성전을 세우고 이곳을 하느님의 거처라고 믿고 있었다. 스테파노는 하느님은 결코 인간의 '손으로 만든 곳'에는 머물지 않는다고 주장했다.

더불어 그는 지난 이스라엘의 역사를 일일이 열거하며, 예루살렘 성전을 예배하는 유다인들이 얼마나 하느님의 뜻을 거스르며 타락하고 있는지를 이야기했다. 그 타락한 마음이 하느님에게서 파견된 의인 예수를 배신하고 죽였다고 결론지어 말했다.

회당에 모인 유다인들은 격분했다. 그들이 격분한 것은 스테파노가 지적한 유다교의 타락 때문이 아니었다. 당시 많은 유다인들은 로마와 타협하는 사두가이들로 인해 유다교가 타락했다고 생각하며 불만을 품고 있었다. 사람들이 분노한 이유는 스테파노가 노골적으로 성전과 율법을 부정했기 때문이다. 자신들이 가장 숭배하는 성전을 모독하는 발언만큼은 도저히 용납할 수 없었던 것이다. 흥분한 사람들은 "그를 붙잡아 최고 의회로 끌고 갔다."[7]

즉시 긴급 재판이 열렸다. 증인들은 스테파노가 성전과 율법을 부정하는 말을 했다고 말했다. 발언을 허락받은 스테파노는 끝까지 자신의 의견을 철회하지 않았다. 사람들의 분노는 극에 달했다. 스테파노는 바로 처형당했는데, 그의 죽음이 의회의 결정에 따른 것이었는지 아니면 사람들의 단순한 폭행에 의한 것이었는지는 알 수 없다. 그것은 예수의 십자가형 때에도 언급되었듯이 당시 로마 지배 아래 있던 유다 의회가 사형 집행권을 가지고 있었는지에 대해 현재까지 확실한 결론이 내려지지 않기 때문이다. 스테파노의 처형 방법이 투석형이었던 점으로 보아 의회는 사형을 선고하지 않았고, 단지 분노한 군중의 폭행에 대해서 모른 체하고 있었다고 생각할 수 있다.

어쨌든 군중은 스테파노를 에워싸고 돌로 쳐 죽이기 위해서 성 밖으로 끌고 갔다. 사도행전은 이때 "그 증인들은 겉옷을 벗어 사울이라는 젊은이의 발 앞에 두었다."[8]라고 전한다. 당시 유다의 관습에 따르면 증인들은 자신들의 증언을 인정한 사람에게 옷을 맡겼다. 박해자 편에 섰던 청년은 후에 바오로로 불린 사울이다. 그는 스테파노 처형에 찬성했다.

"사람들이 돌을 던질 때에 스테파노는, '주 예수님, 제 영을 받아 주십시오.' 하고 기도하였다. 그리고 무릎을 꿇고 큰 소리로, '주님, 이 죄를 저 사람들에게 돌리지 마십시오.' 하고 외쳤다. 스테파노는 이 말을 하고 잠들었다."[9]

사도행전이 묘사하고 있는 스테파노의 마지막 모습이다. 그런데 이 모습은 사도행전의 저자인 루카 복음사가가 그의 복음서에서 묘사한 예수의 최후 장면과 상당히 비슷하다. 예를 들어, "예수님께서 큰 소리로 외치셨다. '아버지, 제 영을 아버지 손에 맡깁니다.' 이 말씀을 하시고 숨을 거두셨다."[10]라는 내용은 스테파노의 "주 예수님, 제 영을 받아주십시오."라는 말과 같고, "그때에 예수님께서 말씀하셨다. '아버지, 저들을 용서해 주십시오. 저들은 자기들이 무슨 일을 하는지 모릅니다.'"[11]라는 내용은 스테파노가 죽을 때 "주님, 이 죄를 저 사람들에게 돌리지 마십시오."[12]라고 한 말과 같다.

이처럼 루카 복음사가는 명백히 스테파노의 죽음을 예수의 죽음에 근거해서 묘사한다. 예수가 재판을 받고 예루살렘 성 밖 골고타에서 처형되어 있듯, 스테파노 또한 부당한 재판을 받은 뒤 예루살렘 성 밖으로 끌려가 처형된다.

이 점은 루카 복음사가의 배후에 있었던 그리스도교인 공동체 안에 스테파노의 죽음을 예수의 죽음과 비교하지 않을 수 없는 그 무엇이 있었음을 가리킨다. 사도행전 6장과 7장은 모두 스테파노의 행동과 죽음에 대해 할애되어 있는데, 여기에서 엿보이는 첫 번째 특징은 이 과격한 순교자를 미화하고 있다는 점이다. "그러자 최고 의회에 앉아 있던 사람들이 모두 스테파노를 유심히 바라보았는데, 그의 얼굴은 천사의 얼굴처럼 보였다."[13]라는 내용이 그 예이다.

또 하나의 특징은 스테파노가 예수와 마찬가지로 희생 제물로 여겨지고 있다는 점이다. 오늘날 예루살렘을 방문하는 사람은 올리브산 쪽으로 나 있는 성문에서 스테파노가 처형되었다는 이야기를 듣게 된다. 이 성문을 '양의 문'이라고 부른다. 양은 유다교의 파스카에 성전 제단에 희생 제물로 바치던 동물이다. 유다인들은 속죄물인 이 동물을 데리고 양의 문을 지나 성전 광장으로 들어간다. 사도행전에는 스테파노의 처형 장소가 예루살렘 성 밖이라고 기록되어 있을 뿐인데, 어느 사이엔가 이 '양의 문' 근처가 그의 순교 장소로 전해지게 되었다. 이는 스테파노를 양과 같은 '희생 제물'로 여겼기 때문이다.

그런데 스테파노는 왜 훗날 그리스도교인 공동체에게 이처럼 미화되고 희생 제물로 여겨졌을까? 객관적으로 보면 스테파노는 베드로 일행의 사고방식에 반발하여 반대 입장에 서 있었다. 또한 '나자렛인' 공동체에서 이탈하여 분파 행동을 한 '그리스계 유다인'들의 대표자이다. 분파 행동을 한 이가 어째서 미화되고 '희생 제물'로 여겨지게 되었을까? 여기에 스테파노에 대한 근본적인 의문점이 있다.

이러한 의문점을 염두에 두고 사도행전 8장을 읽어 보면, 루카 복음사가가 드러나게 말하지 못했던 비밀을 어렴풋이나마 느끼게 된다. 사도행전의 저자인 루카 복음사가는 비밀을 밝힐 수 없는 입장이었지만, 기록자로서의 양심을 저버릴 수 없어 이를 암시하는 한 구절을 기록했다. "그날부터 예루살렘 교회는 큰 박해를 받기 시작하였다. 그리하여 사도들 말고는 모두 유다와 사마리아 지방으로 흩어졌다. 독실한 사람 몇이 스테파노의 장사를 지내고 그를 생각하며 크게 통곡하였다."[14]라는 대목 가운데, "사도들 말고는"이라는 구절에 비밀의 열쇠가 있다.

분노한 군중은 스테파노를 돌로 쳐 죽인 후에 예루살렘에 머물고 있던 스테파노 무리의 신자들을 습격하기 시작했다. 베드로가 두려워하던 사태가 벌어진 것이다. 군중 가운데는 사울도 섞여 있었다. 그들은 "집집마다 들어가 남자든 여자든 끌어다가 감옥에 넘겼다."[15] 특히 사울은 "살기를 내뿜으며"[16] 도망치는 그리스도인들을 남녀 구별 없이 잡아 예루살렘으로 압송했다.

그런데 사도행전은 이 끔찍한 박해 가운데 놀랄 만한 일을 기록하고 있다. 그것은 집집마다 돌아다니며 남녀를 가리지 않고 끌어낼 정도로 흥분한 군중이 중심 역할을 한 예수의 제자들에게는 손을 쓰지 않았다는 점이다.

물론 여기에는 그만한 이유가 있었다. 스테파노 일행은 예루살렘의 유다인들이 숭배하는 성전을 모욕하고 부정하는 잘못을 범했다. 하지만 베드로를 비롯한 사도들은 성전을 소중히 여기고 참배했다. 이 두 집단의 차이를 알던 군중은 스테파노 일행만을 공격의 대상으로 삼았다고 생각된다. 나는 앞에서 이 두 집단이 분열되어 따로 지냈다고 이야기했는데, 만일 그렇지 않다면 사도들 또한 군중에게 습격당했을 것이다.

그런데 이상하게도 사도행전은 예수가 처형당한 날처럼, 이 박해가 일어난 날 베드로 일행의 행동에 대하여 일체 언급하지 않는다. 불과 얼마 전까지 함께 생활하고 기도했던 공동체의 형제들이 줄줄이 연행되는데 예수의 제자들은 무엇을 하고 있었을까? 박해의 불똥이 자신들에게도 튀지 않을까 두려워하여 문을 잠그고 숨어 있었던 것일까? 사도행전은 이 점에 대해 침묵을 지킨다.

경건한 유다인이기도 했던 예수의 사촌인 야고보는 그렇다 하더라도, 베드로가 볼 때 스테파노는 과격하지만 그 사고방식은 스승 예수를 따르고 있었다. 스테파노는 성전보다도 사랑을 위대하게 여긴 예수를 본받아 성전 절대주의를 통렬히 비판했던 것이다. 어떤 의미에서는 스테파노가 베드로나 사도들보다 예수의 정신을 계승하고 있다고 말할 수 있다. 그 점은 베드로 일행도 인정하지 않을 수 없었다.

그러나 조직의 지도자인 베드로는 이 같은 발언을 사람들에게 할 용기가 없었다. 만일 그렇게 한다면 사두가이의 사제는 물론 자신들에게 호의를 보이는 바리사이마저 등을 돌릴 것이다. 여기에 스테파노 무리와 결별해야 했던 베드로의 고뇌가 있었다.

스테파노가 처형당했지만, 베드로 일행은 사태를 지켜볼 수밖에 없었다. 형제자매라고 부르던 신자들이 집집에서 끌려 나와 감옥에 갇히고 있음에도 그들을 돕지도 못하고 있었던 것이다. 결국 베드로 일행은 예수가 처형된 그 무더운 날에도 그러했듯이 다시 비겁한 겁쟁이가 되었다. 그때 뼈저리게 느껴야 했던 굴욕감, 자기혐오, 양심의 가책, 스테파노의 죽음이나 예루살렘 시내에서 벌어지고 있는 박해를 접하면서 심적 고통에 휘말렸을 것이다. 그날 제자들은 나약함을 통절히 깨달았고, 스테파노의 죽음 앞에서 예전과 다름없는 자신들의 모습을 보았다.

물론 사도행전은 제자들의 이러한 심정을 일체 언급하지 않는다. 그 대신에 사도행전의 저자인 루카 복음사가는 스테파노 사건을 예수 처형 사건과 같은 형식으로 묘사하며, 베드로나 사도들의 나약함과 고통을 암시하고 있다. 이 점은 루카 복음서의 수난 이야기와 사도행전의 스테파노 사건을 비교해 보면 확실히 알 수 있다.

사도행전은 스테파노가 예수와 마찬가지로 사람들에게 붙잡혔다고 적고 있다. 스테파노는 예수처럼 의회의 긴급회의에 끌려 나가 사제와 율법 학자들에게 재판을 받았다. 그리고 예수처럼 거짓 증언에 의해 유죄로 판정받고, 예루살렘 성 밖에서 처형되었다.

예수의 시신은 아리마태아 요셉이라는 의인에 의해 무덤에 안장되었는데, 스테파노의 시신도 독실한 사람들의 손으로 매장되었다. 또한 예수와 스테파노가 임종 때 했던 "제 영을 받아 주십시오."[17], "이 죄를 저 사람들에게 돌리지 마십시오."[18]라는 말에는 신뢰와 사랑이 넘쳐 있다.

너무나도 흡사한 묘사와 구성이다. 여기에는 저자인 루카 복음사가의 의도가 들어 있다. 그는 이러한 기록으로서 베드로를 비롯한 사도들의 수치스럽고 나약한 모습을 묵시적인 형태로나마 전하고자 했던 것이다. 사도행전에서 서술하는 스테파노 사건이 사실 그대로는 아니라 할지라도, 베드로나 사도들이 그 옛날 스승 예수를 저버렸듯이 스테파노 일행을 내버려 두었다는 점만큼은 명백한 사실이었다. 사도들만이 추적을 면하고 박해를 받지 않았다는 사도행전의 내용에는 이러한 깊은 의미가 담긴 것이다.

이렇게 해서 예수가 배신한 제자들에 의해 떠받들렸듯이 스테파노도 자신을 저버린 베드로나 사도들에 의해 미화되었다. 사도행전에 "그의 얼굴은 천사의 얼굴처럼 보였다."[19]라는 구절이 나오는데, 그 이면에는 스테파노를 죽게 내버려 둔 제자들의 수치심과 통한이 자리한다. 베드로를 비롯한 사도들은 예수가 자신들의 죄를 대신하여 죽었듯, 스테파노도 겁쟁이인 자신들 대신에 희생되었다고 생각했다. 스테파노가 죽은 곳이 '양의 문'으로 전승된 것은 분명히 이런 이유 때문이었다.

따라서 사도행전 7장과 8장의 목적은 스테파노 사건을 사실 그대로 보고하는 데에 있지 않다. 오히려 나약했던 제자들이 예수 사후에도 여전히 그때처럼 인간적인 비애를 뼈저리게 느껴야 했으며, 인간은 죽을 때까지 자신의 나약함에 걸려 넘어진다는 점을 이야기한다. 이처럼 사도행전은 겁쟁이였던 사도들이 강해지기까지 어떠한 과오를 범했는지 조심스럽게 전하고 있다. 우리는 예수 사후에 재기한 제자들이 죽을 때까지 용기와 믿음을 지니고 있었다고 여기기 쉽다. 하지만 스테파노 사건을 읽으면 그들도 인간적 나약함으로 괴로워했음을 깨닫는다. 우리는 이를 통해 큰 위로와 희망을 얻게 된다. 예수를 목격하고 그 현현을 체험한 제자들조차 그러했던 것이다. 스테파노 사건은 예수 사후에 그들이 순식간에 강인한 사람으로 변했다는 견해는 잘못되었음을 지적한다. 베드로는 닭이 세 번 울 때뿐 아니라, 그 후에도 겁쟁이였다.

"그날부터 예루살렘 교회는 큰 박해를 받기 시작하였다. 그리하여 사도들 말고는 모두 유다와 사마리아 지방으로 흩어졌다. 사울은 교회를 없애 버리려고 집집마다 들어가 남자든 여자든 끌어다가 감옥에 넘겼다."[20]

신자들이 예루살렘 남쪽의 유다 지방과 북쪽의 사마리아 지방으로 피신한 것은 이유가 있었다. 예루살렘 남쪽에는 황량한 사해를 중심으로 유디 꽝아가 이어지는데, 거기에는 예루살렘의 주류파에 대해 반감을 지닌 에세네파의 쿰란 수도원이 있었다. 요한 세례자는 죽었지만 그를 따르는 제자들은 남아 있었다.

예루살렘의 북쪽에 있는 사마리아 지방 사람들은 같은 이스라엘 사람들이었지만 7백 년 가까이 예루살렘과는 거의 접촉하지 않고 자신들만의 방식으로 믿음을 지녔다. 이들은 구약 성경 가운데 오경만을 경전으로 하고, 예루살렘 성전을 예배하는 것을 거부했다. 따라서 예루살렘의 유다인들은 이 사마리아인을 멸시했으며, 사마리아인도 예루살렘의 유다인들에게 반감을 보이고 있었다.

신자들은 예루살렘을 떠나 여기저기로 피신한 후, 그곳에 정착하여 하느님의 말씀을 전하기 시작했다.[21] 예루살렘의 유다교를 싫어하던 사마리아 사람들은 이민자들이 자신들과 마찬가지로 예루살렘 성전을 부정하다가 추방당했다는 것을 알았다. 그리고 그들이 머물 수 있도록 허락했을 것이다.

이주한 신자들 가운데 필리포스라는 사람이 그곳에 사는 유다인들을 대상으로 선교 활동을 시작했다. 그는 제자 중 한 사람인 필립보와 동명이인으로, 스테파노 무리의 유력 인사였다. 이곳에도 '그리스계 유다인'들이 살고 있었을 것이며, 회당이 있었을 것이다. 여기서 '그리스계 유다인'들을 대상으로 한 필리포스 일행의 사마리아 선교가 최초로 시작되었다고 생각된다.

이렇게 해서 예루살렘이라는 작은 세계에서 이루어졌던 공동체의 활동은 스테파노 사건으로 인하여 뜻하지 않게 이 지방까지 퍼지게 되었다. 물론 사도들의 선교 계획이 아니라, 우발적인 상황으로 일어난 일이긴 하다. 하지만 결과적으로 좁은 예루살렘에 한정되었던 예수의 복음이 바깥 세계를 향해 퍼져 나가게 되었다. 물론 이 시기의 선교 대상은 유다인이었으며, 이방인에게는 하느님의 가르침을 전하지 않았다. 그러나 민족과 국경을 초월하여 전개될 그리스도교 선교의 첫 씨앗이 스테파노 사건으로 뿌려졌다고 볼 수 있다.

이 흩어진 신자들에 대한 이야기는 예루살렘에 잔류한 사도들에게도 전해졌을 것이다. 스테파노 무리의 사마리아 선교 활동은 예루살렘 사도들에게도 도움이 되었다. 예수는 사마리아 여행 중에 "나는 너희가 애쓰지 않은 것을 수확하라고 너희를 보냈다. 사실 수고는 다른 이들이 하였는데, 너희가 그 수고의 열매를 거두는 것이다."[22]라고 말했다. 사실 이 말은 예수 자신의 말이라기보다는 스테파노 사건으로 추방당한 신자들의 노고가 사도들에게 도움이 되고 있음을 나타내는 것이다.

스테파노의 이름과 그의 순교는 초기 그리스도교에 큰 영향을 미쳤으며, 공동체의 안전과 유지에 급급했던 사도들에게 충격을 주었다. 그들은 새삼스럽게 자신들이 나약하고 비겁하다는 것을 느꼈다. 그런 의미에서 스테파노의 죽음은 결코 가치 없지 않았다. 그의 죽음으로 공동체는 점차 성전 예배를 하지 않게 되었으며, 성전보다 예수를 택하게 되었다. 사마리아 지방으로 흩어진 신자들 또한 마찬가지였다. 그들은 자신들의 결속과 선교 권위의 근거를 사도들에게 둘 필요가 있었기 때문에 사도들의 변화를 환영했다.

사도들은 상의 끝에 베드로와 요한을 대표자로 선출하여 사마리아 지방에 파견하기로 했다. 베드로가 대표자로 선출된 것은 그가 사도들의 지도자였기 때문이다. 하지만 이런 이유 외에도 자신들이 스테파노 무리를 저버린 것을 속죄하고 싶다는 자책감 때문이었을 것이다. 왜냐하면 그 후 베드로의 행동을 보면 스테파노 무리의 사고방식에 가능한 한 접근하려 하기 때문이다. 스테파노 사건은 확실히 베드로에게 커다란 영향을 미쳤던 듯하다.

베드로와 요한이 사마리아 지방으로 떠나자, 당시 그곳 신자 대표였던 필리포스도 가자 지방으로 떠났다. 그는 아스돗과 지중해 연안의 마을들을 돌아다니며 선교를 시작했다. 사도행전은 필리포스가 거기에서 우연히 만난 에티오피아인을 개종시켰다고 전한다. 또한 사마리아 지방 신자들만이 아니라 페니키아, 키프로스, 시리아의 안티오키아로 피해 간 신자들 가운데 키프로스 섬과 크레타 섬 출신 몇몇이 그리스인들을 상대로 선교 활동을 시작했다고 전한다.

그때까지 유다인들만을 대상으로 했던 그리스도교는 이때 비로소 유다인 이외의 이방인에게도 침투하기 시작했다. 이방인들은 그들을 '그리스도인'이라고 불렀다. '그리스도인'이라는 명칭은 이때 생겼다.

율법이라는
두꺼운 벽

스테파노의 죽음은 예수가 처형된 지 불과 2년 뒤인 서기 32년경으로 추정된다. 나는 스테파노 사건이 불러일으킨 파문에 대해 생각할 때마다 한 가지 사실에 놀라게 된다. 바로 예수가 죽은 지 2년 만에 그에 대해 전혀 알지 못했던 이들까지 그를 믿게 되었다는 점이다.

몇 차례 언급하였듯이 생전의 예수는 현실에서 무력했다. 그의 삶은 사랑으로 가득 차 있었다. 하지만 사랑은 현실적인 효과를 내지는 못한다. 이런 예수의 모습은 현실적인 것을 추구한 이들에게 환멸과 실망을 안겨 주었다. 또한 제자들까지 마지막 순간에는 스승을 저버린다.

그런데 무력한 예수가 죽은지 불과 2년이 채 안 되었을 때, 놀라운 일들이 일어난다. 스테파노가 감연히 떨치고 일어날 정도의 굳은 신념을 불러일으키고, 다른 많은 신자들에게도 박해를 견디어 낼 수 있는 신앙을 부여한 것이다. 그뿐만 아니라, 사람들에게 무력하게 비쳤던 예수는 이 시기 동안 서서히 인간을 초월한 존재로 높여진다. 이 놀라운 변화를 어떻게 받아들여야 할까?

일신교를 고수하는 유다교와 유다 지방에서는 어떤 예언자나 율법 교사를 존경하는 경우는 있다. 하지만 그를 인간을 초월한 신적인 존재로 생각한다는 것은 불가능하다. 설령 이것이 가능하다 하더라도 유다 역사 가운데 이러한 일은 없었다. 불과 2년 사이에 한 예언자가 사람들에게 떠받들어지고, 숭배된 적은 없었다. 이 이유에 대해서는 결론 부분에서 다루어 보겠다. 이 장에서는 예루살렘에서 쫓겨난 신자들의 동향을 살펴보겠다.

한 남자가 뿔뿔이 흩어진 신자들에게 영향을 받았다. 훗날 바오로라 불리는 사울이다. 그가 처음부터 흩어진 신자들의 무리에 속했던 것은 아니었다. 오히려 그들의 적이었고 박해자였다. 사울은 킬리키아의 타르수스에서 태어났다. 이곳은 지중해에서 가까운 터키 남부의 작은 도시이다. 옛날에는 로마 식민지였는데, 여러 나라와 교역을 하던 규모가 큰 무역 도시였다. 타르수스는 클레오파트라와 안토니우스가 밀월의 시간을 보내던 곳으로, 그리고 로마의 웅변가인 키케로가 총독으로 지내던 곳으로 알려져 있다.

사울의 집안은 로마 시민권을 지닌 유다인 가문으로 이 도시에서 성업 중인 천막 제조업을 했다. 그는 가업인 천막 제조 기술을 익히는 것 외에도, 바리사이의 제자가 되어 극히 엄격한 신앙생활을 하고 있었던 듯하다. 바리사이의 제자는 어렸을 때부터 유다 경전을 익히고 암송하도록 훈련받는다. 특히 훗날 그의 진술에 따르면, 일상생활 중 율법을 준수하는 데서도 전혀 "흠잡을 데 없는 사람"[1]이었다고 한다.

당시 타르수스에는 규모가 큰 대학이 있었다. 하지만 그는 이 대학에 들어가지 않았다. 사도행전에 따르면 사울은 예루살렘으로 유학하여 당시 명성이 높던 교사 가말리엘의 문하생이 되었다고 한다. 그 시기가 언제인지는 알 수 없지만 대략 예수가 처형된 서기 30년 이후일 것으로 생각된다. 왜냐하면 그는 생전의 예수를 본 적도 없을 뿐 아니라, 30년 파스카에 예수가 십자가형에 처형되는 것을 목격하지 못했기 때문이다. 그도 흩어진 많은 신자들과 마찬가지로 예수와 대면한 적이 없었다. 또한 예수의 가르침에도 전혀 관심이 없었던 듯하다.

가말리엘의 가르침이 이 청년에게 어떤 영향을 미쳤는지는 분명치 않다. 또한 그가 가말리엘의 제자였다는 점에 의심을 품는 학자도 있다. 그러나 확실한 것은 사울이 바리사이 교사의 사고방식이나 논리를 따르고 있었으며, 열렬한 율법주의자였다는 사실이다. 갈라티아 신자들에게 보낸 서간을 보면, 그는 여기저기 다니며 이방인에게 유다교를 전했던 듯하다. 즉, 성전을 공경하고 율법을 시키는 것이 구원을 향한 지름길이라고 확신하고 있었던 것이다. 구도심에 불타고 있던 이 청년은 자신에게나 타인에게나 엄격한 생활을 요구하며 타협이나 미온적인 태도를 용납하지 않았다. 이는 그가 그리스도인들을 박

해하던 모습을 보면 잘 알 수 있다. 그는 다른 사람보다 더 엄격하게 율법을 지켰다.[2]

바리사이가 준수한 유다교 율법은 하느님의 의지에 준한 생활 규칙이다. 선조 대대로 전해진 의례는 말할 것도 없고 일상생활의 세부 사항에 이르기까지 다양하고 세세하다. 예를 들면, 안식일에 걸어 다닐 수 있는 거리를 비롯해서 기도의 횟수, 손 씻는 방법, 식기를 정화하는 법에 이르기까지 엄격하게 규정하였다. 우리에게는 번잡스럽고 우스꽝스럽게 보이는 이러한 율법 규정도 사울이 속한 바리사이에게는 하느님의 의지가 반영된 것으로, 범해서는 안 될 신성한 규약이었다. 사울은 성장한 뒤에도 이 규약을 지켰다.

그런데 사울은 자신의 위선을 꿰뚫어 보는 통찰력과 순응주의적인 도덕에는 만족하지 못하는 종교적 성실성을 지니고 있었다. 그가 다른 많은 랍비나 바리사이 유다인들처럼 율법에 친숙해지지 못했던 것은 이 두 가지 때문이었다고 생각된다. 랍비 가말리엘의 문하생으로 율법을 배우면 배울수록 내용과 거리가 먼 형식, 즉 믿음이 결여된 채 의무적으로 율법을 지키는 일에 점차 공허함을 느끼게 된 것은 당연하다고 할 수 있을 것이다.

그뿐만 아니라, 금욕주의자가 자신의 육욕을 나쁘게 여겨 제어하려 할수록 오히려 의식하게 되듯이 사울도 마찬가지였다. 그는 율법으로 심신을 다스리려 할수록 율법에 구속되어 해방감을 느끼지 못했다. 율법을 지킬수록 자신의 위선과 오만을 깨달았던 것이다. 마음을 편하게 해 줄 것이라 여겼던 율법이 그를 괴롭히며 가로막기 시작한 것이다. 이미 사울의 마음은 무너지고 있었다.

사울은 예수를 주님으로 떠받드는 '나자렛인 무리'에 대해 별로 신경을 쓰지 않았다. 훌륭한 랍비가 되고자 했던 그에게는 갈릴래아 출신의 흙냄새 나는 시골뜨기들의 이야기가 하찮고 부질없이 생각될 뿐이었다.

사울이 회당에서 스테파노의 이야기를 들었는지는 알 수 없다. 그러나 사도행전은 성전을 모독한 스테파노가 대사제 카야파가 소집한 긴급 재판에서 자신의 의견을 이야기하고 있을 때, 사울이 그 자리에 있었다고 전한다. 그 재판에서 스테파노는 성전 예배는 우상 숭배에 지나지 않는다고 두려움 없이 주장했다. 성전을 부정하는 것은 바리사이인 사울에게는 율법을 부정하는 것이다.

사울은 스테파노를 증오했다. 이는 스테파노가 성전을 부정했기 때문만은 아니었다. 실은 자신 또한 마음속으로 그렇게 생각해 왔지만 두려워하여 감추고 있던 것을 그가 발설했기 때문이다. 스테파노를 인정하는 것은 이제까지 억눌러 왔던 다른 모습의 자신을 인정하는 것이다. 만일 다른 모습의 자신을 인정하면, 율법을 철저하게 지켜온 이제까지의 삶이 무너져 버린다. 이때 사울은 거울 속에 비춰진 자신의 초라한 얼굴을 증오하는 사람처럼 스테파노를 증오했다. 사도행전은 사울이 집요하리만치 스테파노 무리를 증오했다고 전한다. 그의 심리는 아마도 이런 이유 때문이 아니었을까 짐작해 본다.

사울은 재판 장소에서 성 밖에 끌려 나온 스테파노가 돌에 맞아 죽는 것을 지켜보았다. 그뿐만 아니라, 의회의 연락원이 되어 예루살렘 시내에 숨어 있는 신자들을 연행하여 감옥에 가두었다. 사도행전은 그가 살기를 띠고 제자들을 위협하였고, 도망가는 신자들을 쫓아 다마스쿠스까지 갔다고 적고 있다.

사도행전의 이 내용은 사울의 심적인 비극을 뚜렷이 나타낸다. 그가 "살기를 내뿜으며"[3] 뿔뿔이 흩어진 그리스도인들을 박해했던 것도 실은 율법을 믿을 수 없게 된 자신을 채찍질하기 위해서가 아니었을까? 그는 무너지려 하는 자신의 율법 신앙을 필사적으로 지키기 위해 그리스도인들을 박해했을 것이다.

도망치는 신자들은 박해와 피신으로 기가 꺾이기는커녕 강한 신념으로 예수를 주님으로 받들며, 예수의 재림을 더욱 굳게 믿었다. 이러한 모습은 그들의 믿음을 긍정하는 이에게도, 부정하는 이에게도 강한 인상을 남겼다. 일본의 에도 시대 박해 때에도 고문을 견디며 순교한 신자들의 모습에 감명을 받아 그리스도인이 된 관리가 있다. 아마 사울의 마음도 이러했으리라.

'그들은 집도 재산도 버리면서까지 예수가 전한 복음을 믿고, 인간을 초월한 존재로 여긴다. 왜 고통을 감내하면서까지 예수의 재림을 기다리고 있으며, 어째서 성전을 부정하는데도 활기찬 믿음을 지니고 있는가?' 사울의 마음속에는 이러한 의문들이 움텄을 것이다. 어쩌면 그는 체포된 신자들과 진지하게 이야기를 나눴을 거라는 생각도 든다. 적어도 심문의 형태로 그들의 말에 귀 기울이고, 말보다도 표정에서 감명을 받았을지도 모른다.

사울이 볼 때, 그들은 예수라고 불리는 하찮은 남자를 주님으로 섬기며 그의 재림을 믿었다. 더욱이 예수라고 불리는 남자는 십자가형에 처해졌다. 사울이 알고 있는 율법에 따르면 십자가에 달린 이는 모두 하느님에게 저주받은 사람이다.[4] 하느님에게 저주받은 그를 주님으로 섬기는 것은 율법을 부정하는 것이다. 율법을 부정한 이들이 이렇듯 생생한 구원의 희망을 지닐 수 있는가?

이러한 의문에 휩싸인 사울은 '율법인가, 예수인가?'라는 질문을 피할 수 없었다. 그에게 예수를 선택한다는 것은 극히 어리석은 짓이었다. 그럼에도 불구하고, 자신이 체포한 신자들이 모멸과 고통을 견디어 내는 것을 보자 예수를 무시할 수 없게 되었다. 도대체 예수는 어떤 존재인가? 격정적인 성격의 이 청년이 처음으로 예수에 대해 호기심을 품게 된 것은 다마스쿠스로 가는 길에서였다고 생각된다.

그뿐만 아니라, 앞에서도 언급했듯이 그는 율법에 대해서 다른 이에게는 말 못 할 의문을 느끼고 있었다. '율법인가, 예수인가'라는 갈등을 품으며 동요했던 것도 이런 이유에서였다. 나중에 그는 "율법이 말하는 것은 모두 율법 아래 사는 사람들에게 해당됩니다. …… 율법에 따른 행위로 하느님 앞에서 의롭게 되지 못하기 때문입니다. …… 예수 그리스도에 대한 믿음을 통하여 오는 하느님의 의로움은 믿는 모든 이를 위한 것입니다. 거기에는 아무 차별도 없습니다."[5]라고 명

율법이라는 두꺼운 벽

백하게 기록한다. 물론 신자들을 뒤쫓던 당시에는 아직 그러한 확신이 없었다. 단지 희미하게나마 이런 확신을 가지기 시작했다고 생각할 수 있을 것이다.

뿔뿔이 흩어진 신자들이 박해와 고통을 견디는 것은 언젠가 그 고통이 위로받고 보상되리라는 희망이 있기 때문이리라. 이 정도는 사울도 알 수 있었다. 사울이 볼 때 그들의 희망이 이것만은 아닌 듯했다. 그들은 주님이라고 떠받드는 예수가 자신들과 마찬가지로 박해를 받고 십자가에 달리는 처참한 죽음을 당했다는 점에 깊은 의미를 지니고 위로를 느꼈다. 또한 그 당시에 박해를 받는 자신들과 이전에 박해를 받았던 예수와의 연대감을 느끼며, 이윽고 그와 함께 하늘의 영광을 받으리라는 희망을 품었다.

"장차 우리에게 계시될 영광에 견주면, 지금 이 시대에 우리가 겪는 고난은 아무것도 아니라고 생각합니다."[6]

"그리스도와 더불어 공동 상속자인 것입니다. 다만 그리스도와 함께 영광을 누리려면 그분과 함께 고난을 받아야 합니다."[7]

율법의 입장에서 보면 예수는 하느님에게 저주받아 십자가에 매달려 죽은 죄인이었다. 하지만 예수는 이처럼 생생한 희망을 안겨 주었다. 여기서 사울은 또다시 갈등에 빠졌다. 예루살렘의 유다인들은 관습과 형식에 치우쳐 의무적으로 계율을 지키기에 바빴다. 예수를 따르는 이들은 예루살렘 유다인들보다는 초라했지만 신앙만큼은 살아 있었다. 사울도 이런 점을 인정하지 않을 수 없었다.

사도행전은 이러한 사울의 심적 동요에 대해서는 전혀 언급하지 않는다. 현재 남아 있는 바오로 서간도 이 점에 대해서는 일체 언급되어 있지 않다. 단지 나중에 자신이 "나는 하느님의 교회를 몹시 박해하며 아예 없애 버리려고 하였습니다."[8]라고 고백했을 뿐이다. 그러나 갈라티아 신자들에게 보낸 서간이나 로마 신자들에게 보낸 서간에 나타난 율법에 대한 사울의 생각과 인간의 고통에 대한 사색을 다룬 내용을 읽어 보면, 박해한 신자들이 그에게 끼친 어떤 영향이 회심의 출발점이 되고 있다는 것은 확실하다.

이제 사울은 '율법인가, 예수인가?'라는 문제를 머리에서 지울 수 없었다. 또한 '예수는 어떤 사람인가?'라는 문제에 대해서도 마찬가지였다. 예루살렘에 머물고 있을 때에는 멸시하고 쳐다보지도 않았던 십자가에 매달린 추하고 초라한 남자를 무시할 수 없게 된 것이다. 그리고 예수라는 존재가 마음속에 자리 잡기 시작했다. 사도행전은 그의 이 절박한 심정을 다음과 같이 전하고 있다.

"사울이 길을 떠나 다마스쿠스에 가까이 이르렀을 때, 갑자기 하늘에서 빛이 번쩍이며 그의 둘레를 비추었다. 그는 땅에 엎어졌다. 그리고 '사울아, 사울아, 왜 나를 박해하느냐?' 하고 자기에게 말하는 소리를 들었다. 사울이 '주님, 주님은 누구십니까?' 하고 묻자 예수가 대답하셨다. '나는 네가 박해하는 예수다.'"[9]

사도행전의 이 장면은 감동적이다. "사울아, 사울아, 왜 나를 박해하느냐?"[10]라는 이 대목은 흔히 그의 개종에서 결정적인 장면으로 여겨지지만 꼭 그렇다고 할 수는 없다. 이때 사울은 아직 개종하지 않은 상태로, 이 대목은 그가 처한 절박한 상태를 보여 준다. 이제 그는 예수에게서 벗어날 수 없었다. 예수의 존재는 빛을 발하고, "왜 나를 박해하느냐?" 즉, "율법을 선택하겠느냐, 아니면 나를 선택하겠느냐?"라고 물은 것이다.

사울은 "눈을 떴으나 아무것도 볼 수가 없었다."[11] 아직 결정적인 답을 할 수 없는 상태였고, 율법과 예수라는 양자 결단의 상황에서 어떻게 답해야 좋을지 몰랐다. 그는 그러한 상태로 다마스쿠스 시내에 들어가 "사흘 동안 앞을 보지 못하였는데, 그동안 그는 먹지도 않고 마시지도 않았다."[12]

물론 여기서 사흘이라는 시간은 상징적인 의미이다. 달리 말하면, 사흘이란 시간은 그가 다마스쿠스에서 먹고 자는 일을 잊고 '율법인가, 예수인가?'라는 문제에 직면하고 있었음을 의미한다.

결국 그는 신자 가운데 한 사람인 하나니아스와 만나 그의 안내로 그리스도인이 될 결심을 한다. "그러자 곧 사울의 눈에서 비늘 같은 것이 떨어지면서 다시 보게 되었다. 그는 일어나 …… 음식을 먹고 기운을 차렸다."[13]

이와 더불어 사도행전은 사울의 개종을 두려워하며 믿지 않았던 신자들이 있었다는 점도 암시한다.[14] 그들은 사울에게서 박해를 받았던 사람들이다. 그의 개종의 모태는 흩어진 신자들이다. 이후 그는 예루살렘의 사도들과 달리 흩어진 신자들의 대변자가 된다. 다시 말해 사울, 즉 바오로의 신앙은 예루살렘 사도들이 아닌, 흩어진 신자들을 모태로 하여 생겨난 것이다.

◯

흩어진 신자들은 각자 자신들이 피신한 곳에서 제각각 선교 활동을 했다. 그 가운데서 특히 눈에 띄게 활동을 벌인 사람은 스테파노와 함께 예루살렘의 그리스계 유다인 신자들을 대표하던 필리포스이다. 초기 그리스도교 선교에서 그의 노력과 공적은 결코 무시할 수 없다. 그는 사마리아 선교를 베드로에게 양보하고 팔레스티나 해안 도로를 따라 북상하며 도처에 가르침을 전했다. 그러다가 팔레스티나 북쪽의 수도 카이사리아에 도착한다. 이처럼 카이사리아 선교는 필리포스에게서 시작되었다고 해도 좋을 것이다.

예루살렘 사도들 가운데서 요한과 함께 사마리아로 파견되었던 베드로는 예루살렘으로 돌아가지 않았다. 그는 사마리아를 떠나 팔레스티나 서쪽의 사론 평야에 있는 이방인 지역으로 향하였다. 아마도 박해를 받던 '그리스계 유다인 신자'들을 돌보지 않았다는 죄책감 때문이었을 것이다. 이렇게 생각하는 이유는 이 시기에 베드로가 성도에 남아 있는 제자들보다는 흩어진 신자들과 협조하려는 모습을 생생하게 엿볼 수 있기 때문이다. 오스카 쿨만은 《베드로》에서 이 시기에 베드로가 교회 지도자에서 선교자로 바뀌었다고 이야기한다. 그가 지도자로서 사마리아에서 예루살렘에 돌아가기보다는 선교자로서 사론 평야의 리따, 야포 같은 도시로 향했던 심정 역시 고려해야 할 것이다.

앞에서도 언급했듯이 베드로는 예루살렘에 남아 있는 보수적인 제자들보다는 약간 진보적이었다. 예수와 마주하며 그의 목소리를 직접 들었던 베드로는 전부터 스테파노나 필리포스 일행, '그리스계 유다인 신자'들의 성전과 율법에 구애받지 않는 신앙에 공감하고 있었다. 다만 조직의 지도자로서 과격한 언동을 환영하지 않았을 뿐이다. 또한 스테파노 사건 이후에 자신의 우유부단함을 부끄러워했을 것이다.

그런데 흩어진 신자들과 상의하는 행동은 그들과 마찬가지로 성전이나 율법을 경시한다는 것을 의미한다. 유다인의 율법 생활을 엄격하게 지키며 그 테두리 안에서만 선교 활동을 하고 있던 사도들 가운데 몇몇은 스테파노 사건 이후에도 성전과 율법을 소중히 여겼다. 그들은 베드로가 선교를 위해서라고는 하지만 이방인의 도시에서 이방인과 접촉하는 것에 대해 이견을 제기했다. 유다교의 율법은 유다인이 이방인의 집에 들어가는 것을 부정한 것으로 보아 금지했기 때문이다.

베드로는 이러한 보수파와의 알력을 피하기 위해 예루살렘으로 돌아가지 않고 한동안 사론 평야 지역 선교에 나섰다. 신중한 그는 상황에 맞춰 유다인들만을 대상으로 복음을 전하고, 나중에 이방인들 선교에 임하려고 했던 것이리라. 그런데 사도행전에 따르면 그가 최초로 세례를 준 이방인은 카이사리아에 사는 코르넬리우스 가족과 그의 친구들이었다. 로마군의 백인대장이었던 코르넬리우스는 필리포스로 인하여 그리스도교에 흥미를 느끼고 있었는지 모른다. 그는 야포로 심부름꾼을 보내어 무두장이 시몬의 집에 머무르고 있던 베드로를 초대했다.

그 이야기를 들은 베드로는 망설였다. 설사 예수의 복음을 전한다 하더라도 율법에 따르면 유다인이 아닌 로마군 백인대장의 집에 들어가 함께 식사를 하는 것은 위법 행위였다. 그는 당시까지만 해도 유다인의 선민의식과 율법을 거역해서는 안 된다는 의식이 남아 있었다. 사도행전은 이때 주저하는 베드로의 모습을 다음과 같이 전한다. "저는 무엇이든 속된 것이나 더러운 것은 한 번도 먹지 않았습니다."[15] 그는 이방인의 음식은 먹을 수 없다고 생각했던 것이다.

그런데 하늘에서 음성이 들려왔다. "하느님께서 깨끗하게 만드신 것을 속되다고 하지 마라."[16] 이는 주님의 복음이 유다인들만이 아니라 민족과 국경을 초월하여 모든 이에게 전해져야 한다는 계시이기도 했다. 베드로는 코르넬리우스가 보낸 심부름꾼과 함께 카이사리아로 떠났다. 그리고 백인대장과 그의 가족, 친구들에게 복음을 전했다.

베드로가 이방인에게 복음을 전하고 있음을 안 예루살렘의 제자들 가운데 몇몇이 격노했다. 그들은 예수의 사촌인 야고보에게 베드로를 돌아오게 하고, 위법 행위를 해명할 것을 요구했다.

백인대장 코르넬리우스에게 복음을 전했다는 사도행전 내용의 진위 여부는 알 수 없다. 최근 들어서 이 대목을 두고 베드로에 관한 다른 이야기와 달리 신빙성이 높다는 학자도 있다. 하지만 여태까지는 필리포스를 비롯한 흩어진 신자들에게서 시작된 이방인 선교를 사도행전의 루카 복음사가가 베드로 일행인 예루살렘 제자들을 공적으로 만들기 위해 창작한 이야기라고 여겨져 왔다.

그러나 이 이야기가 사실이든 창작이든 간에, 이 대목은 초기 그리스도인들이 이방인에게 자신들의 신앙을 전하는 데 얼마나 어려움을 겪었는지를 전해 준다. 우리가 초기 그리스도교 공동체 유다인들이 왜 이처럼 율법에 구애받았으며, 율법을 생활의 규범으로 하지 않는 이방인과의 접촉을 피하려고 했는지를 이해하는 것은 쉽지 않다.

율법은 이 시대 유다의 생생한 현실이었다. 율법을 부정하려 했던 스테파노 무리는 추방과 박해라는 고통을 당했다. 또한 박해에 앞장섰던 사울이 '예수인가, 율법인가?'를 두고 고뇌하며 고통스러워했던 점을 보더라도 알 수 있다. 백인대장 코르넬리우스의 개종 이야기가 사실이라면, 그를 가르친 베드로가 예루살렘 공동체에게 해명을 요구받았다는 점이 유다 사회에서 율법의 비중이 대단했음을 보여 준다. 바꿔 말하면, 이방인의 세계로 나아가기 위해서는 앞을 가로막고 있는 두껍고 단단한 율법의 벽을 넘어야 한다는 것이다.

제2의 박해

사울이었던 바오로는 다마스쿠스에서 극적인 개종을 했다. 그리고 3년 뒤인 36년과 37년. 성도 예루살렘을 떠들썩하게 한 사건이 있었다. 예수에게 사형을 선고한 빌라도 총독이 실정을 이유로 해임되어 로마로 돌아갔다. 빌라도는 사마리아 민중을 탄압했기 때문에 그들의 불만을 샀고, 이어서 마르켈루스라는 이가 신임 총독으로 임명되었다. 빌라도가 해임된 다음 해인 37년, 로마에서는 티베리우스 황제가 죽고 그의 먼 친척인 가이우스가 즉위했다. 그는 작가 알베르 카뮈의 희곡 〈칼리굴라〉의 모델이 된 황제이다. 가이우스는 '칼리굴라'라는 별명으로도 널리 알려져 있는데, 칼리굴라는 '작은 군화'라는 뜻이다.

즉위 초기에는 칼리굴라도 선정을 베풀어 원로원이나 군대, 민중의 환영을 받았다. 하지만 중병에 걸리고 나서는 자신을 제우스 신의 화신이라고 생각하는 과대망상가가 되었다. 당시의 유다사가인 플라비우스 요세푸스는 이를 다음과 같이 묘사한다. "칼리굴라는 자신을 행운아라고 생각하며 신으로 생각했다. 그리고 모든 이가 자신을 신으로 부르기를 원했다."

이러던 와중, 예루살렘 전체가 술렁거리는 사건이 벌어졌다. 칼리굴라가 갑자기 로마 제국 내의 모든 나라, 특히 유다에 자신을 신으로 떠받들고 희생 제물을 바치라고 요구한 것이다.

유다인들은 그동안 로마 제국의 지배하에 굴욕을 참으며 지내 왔으나, 이 요구에 대해서는 매우 격분했다. 로마 황제가 자신의 권력을 과시하기 위해 유다인들의 자존심을 건드린 적은 여러 번 있었다. 하지만 이제까지 칼리굴라처럼 자신을 신으로 섬기라고 요구한 황제는 없었다. 자신들의 민족 신인 하느님만을 유일신으로 예배해 온 유다인들은 분개했고, 황제의 불순한 요구를 받아들이려 하지 않았다.

팔레스티나 서쪽의 얌니아에서 폭동이 일어났다. 이방인들은 로마의 지시에 따라 칼리굴라를 위한 제단을 만들었는데, 유다인들이 이 제단을 부수었던 것이다. 이 이야기를 전해 들은 칼리굴라는 그 보복으로 예루살렘 성전에 자신의 상을 세울 것을 명하고, 시리아 총독인 페트로니우스에게 군단을 이끌고 예루살렘에 진격하라고 명했다.

유다를 비롯한 팔레스티나 전역이 공포에 휩싸였다. 플라비우스 요세푸스의 《유다 전쟁사》에 따르면, 유다인들은 처음에 이를 대수롭지 않게 여겼다. 그러나 페트로니우스 총독이 제3군단과 시리아 예비군을 이끌고 안티오키아를 출발히여 예루살렘으로 향한다는 소식을 전해 듣고 사태의 중대성을 깨달았다. 이는 단순한 정치적 사건이 아니라 유다인과 유다교의 파멸을 의미하는 사건이었다. 말 그대로 그들은 세상 종말이 다가왔다는 위기감에 사로잡히기 시작했다.

성경은 당시의 이러한 상황을 언급하고 있지는 않다. 성경 저자들은 예수의 처형 문제에서도 그러했듯이 로마를 자극하지 않도록 늘 신중한 입장을 취했다. 한편 초기 그리스도교 공동체의 신자들이 다른 유다인과 마찬가지로 종말 의식에 사로잡혔다는 점은 마르코 복음서나 바오로 서간에 간접적으로 나타나 있다.

"그리고 너희는 여기저기에서 전쟁이 났다는 소식과 전쟁이 일어난다는 소문을 듣더라도 불안해하지 마라. 그러한 일이 반드시 벌어지겠지만 그것이 아직 끝은 아니다. 민족과 민족이 맞서 일어나고 나라와 나라가 맞서 일어나며, 곳곳에 지진이 발생하고 기근이 들 것이다. 그러나 그것은 진통의 시작일 따름이다. …… 유다에 있는 이들은 산으로 달아나라."[1]

이와 더불어 마르코 복음서는 신자들이 불안과 충격의 나날을 보내면서 어떤 마음의 준비를 하고 있었는지를 다음과 같이 암시한다.

"그 무렵에 환난이 닥칠 터인데, 그러한 환난은 하느님께서 이룩하신 창조 이래 지금까지 없었고 앞으로도 없을 것이다. 주님께서 그 날수를 줄여 주지 않으셨으면, 어떠한 사람도 살아 남지 못할 것이다. 그러나 주님께서는 몸소 선택하신 이들을 위하여 그 날수를 줄여 주셨다."[2]

"그때에 누가 너희에게 '보아라, 그리스도께서 여기 계시다!', 또는

'보아라, 저기 계시다!' 하더라도 믿지 마라."[3]

마르코 복음서의 묵시적인 이 표현들을 생전의 예수가 한 이야기라고 볼 수만은 없다. 이는 당시 사도들이 그리스도인들에게 한 이야기를 모은 것으로, 이 시기 그리스도인들의 위기 의식을 반영한다. 이때의 위기감은 예수를 한층 더 신격화하는 데 기여했으며, 그리스도의 재림을 열망하는 신앙을 더욱더 굳게 했다. 그들은 동료들뿐만 아니라 주위의 사람들에게도 예수의 재림을 전하였다. 예수가 죽은 지 아직 10년이 지나지 않았지만, 무력했던 그는 이러한 위기에 제자들의 의지처가 될 만큼 커다란 존재가 되었다. 그뿐 아니라 인간을 초월한 존재로 떠받들리게 되었다. 마지막 장에서 자세히 언급하겠지만, 이 점은 일신교가 지배적인 유다에서는 예외적인 일이었다.

이 시기의 초기 그리스도교 공동체는 많은 개종자를 얻었을 것으로 추측된다. 사람들이 세상 종말과 그리스도의 재림을 열렬히 전하는 그리스도인들의 목소리에 동감하며 귀 기울였기 때문이다. 유다의 위기가 그리스도교에는 오히려 유리한 여건이 되었다.

칼리굴라의 명령을 받아 제3군단을 통솔하던 페트로니우스 총독은 팔레스티나로 남하하였다. 그러나 각지에서 유다인들의 탄원과 마주쳤다. 유다인들은 죽음을 각오한 채, 가족을 데리고 페트로니우스의 진영인 프톨레마이스 평원에 모여들었다. 그리고 시리아 총독에게 유다의 법률을 존중해 줄 것을 청했다.

처음에 페트로니우스는 그들의 요구를 거부했으나 신앙심에 마음이 바뀌게 되었다. 그 역시 칼리굴라의 요구가 부당하다고 생각하고 있었던 것이다. 싸울 생각이 없어진 시리아 총독은 유다인과의 전투를 포기하고 안티오키아로 철수했다. 이때 다행히도 칼리굴라가 근위병 장교 카이레아에게 암살되었다는 소식이 전해졌다. 이로써 팔레스티나 전역에 퍼져 있던 위기가 걷혔다.

성경에 노골적으로 쓰여 있지는 않지만, 칼리굴라 사건이 초기 그리스도교 공동체에 미친 영향은 무시할 수 없다. 앞에서도 언급했듯이 유다와 팔레스티나에 퍼져 있던 위기감이 오히려 공동체의 신앙과 예수 재림의 희망을 불타오르게 했다는 점이다. 결국 이 사건은 싹트기 시작한 초기 그리스도인들의 결속을 다지게 하고, 같은 불안과 위기감에 휘말려 있던 많은 이들을 개종시키는 데 기여하게 되었다. 이로써 예수를 신격화하는 신앙 운동은 한층 강해졌다.

하지만 다른 면에서 볼 때 이 사건은 그리스도인들에게 불리하게 작용하기도 했다. 이 사건은 비그리스도인인 유다인들의 민족의식을 고취시키는 계기가 되었고, 그들의 성전이나 율법에 대한 충성심은 더욱 강화되었다. 죽음을 두려워하지 않고 프톨레마이스 평원에 모였던 유다인들은 군대를 이끌고 안티오키아로 철수하는 페트로니우스의 모습을 보았다. 그리고 자신들이 승리했음을 알았다. 또한 칼리굴라가 근위병 장교인 카이레아에게 암살되었다는 통보를 하느님의 벌로 받아들였다. 자신들이 죽음을 각오하고 성전과 율법을 지키려고 했기에, 하느님께서 결코 저버리지 않았다는 긍지와 자신감이 유다인들에게 생겼을 것이다.

 이 사건으로 인하여 하느님과 율법은 역시 옳았다는 의식이 유다 서민들 사이에 강하게 퍼졌다. 이렇게 높아진 민족의식과 종교심이 하나 될 때 배타적인 모습을 띠는 경우를 종종 보게 된다.

 지금까지 초기 그리스도교 공동체에 비교적 관대한 입장이었던 바리사이는 율법을 무시하고 이방인과 접촉하는 그리스도인들을 비난하기 시작했다. 이때 그리스도인들에 대한 반감을 자신의 이익을 위해 이용한 이가 유다의 분봉왕 헤로데 아그리파이다.

∽

 헤로데 아그리파는 헤로데 대왕의 손자로, 요한 세례자를 죽이고 예수를 조롱한 헤로데 안티파스 왕의 조카이다. 그는 여섯 살 때부터 로마에서 교육을 받았고, 칼리굴라와 친분이 두텁다는 이유로 전임 티베리우스 황제의 심기를 건드려 감옥에 갇히기까지 하였다. 그러다 칼리굴라가 즉위하자 유다의 분봉왕으로 임명되었다.

 "아그리파는 온화한 성품으로 모든 이에게 한결같이 관대했다. …… 그는 예루살렘에서 지내면서 율법을 엄격하게 준수했다. 그 때문에 그는 자신을 정결하게 유지하고, 하루도 빠짐없이 정해진 희생제물을 바쳤다."

 앞서 수개한 역사가 플라비우스 요세푸스의 이 보고가 사실이라면, 아그리파의 속마음은 어떠했는지 몰라도 겉으로 볼 때는 신심 깊은 유다인이었다고 할 수 있다. 그는 적어도 율법을 철저히 지키며 오랫동안 떨어져 지냈던 유다인들의 지지를 얻을 필요가 있었다.

아그리파에게 칼리굴라가 일으킨 사건은 큰 타격이자 손실이었다. 왜냐하면 유다 민중은 그가 로마에서 칼리굴라와 가깝게 지냈고, 그 덕택에 왕위에 올랐다는 것을 잘 알고 있었기 때문이다. 따라서 칼리굴라에 대한 유다인의 분노가 자신에게 미치면 간신히 손에 넣을 수 있었던 분봉왕의 지위도 안전하지 못하다는 것을 잘 알고 있었다. 그는 온화하고 모든 이에게 관대했으나 어디까지나 왕위를 지키기 위함이었다.

아그리파는 칼리굴라가 죽고 숙부인 클라우디우스가 즉위한 후에도 유다에 대한 자신의 충성심을 증명해야 했다. 칼리굴라의 명령으로 유다인들의 반발이 커졌고, 이 위기가 팔레스티나 전역으로 퍼지자 그가 필사적으로 칼리굴라에게 타협안을 내어 관대한 처분을 구한 것도 이런 이유 때문이었다. 그러나 이것만으로는 자신이 유다와 유다교에 충실하다는 것을 민중에게 충분히 보일 수 없다는 것을 알고 있었다.

이때 아그리파가 자리 보존을 위해 눈길을 돌린 것은 그리스도인이었다. 율법을 철저히 지키며 살았던 그는 율법을 경시했던 그리스도인들에게 호의적이지 않았다. 그렇지만 그리스도교를 박해한 것은 오직 왕위 보존 또는 정책상의 이유 때문이라고 생각된다.

그리하여 스테파노 사건 이후 잠잠해진 초기 그리스도교 공동체에 대한 박해가 다시 일어났다. 사도행전에 명확히 기록되어 있지는 않지만 장소가 예루살렘이었음은 확실하다. 플라비우스 요세푸스에 따르면 아그리파는 그의 영지보다는 예루살렘에서 지내고 있었기 때문이다. 박해 대상은 지방으로 뿔뿔이 흩어진 '그리스계 유다인 신자'가 아니라, 예루살렘에 남아 있던 사도들이었다. 사도행전은 이러한 상황을 상세히 기록하지 않고, 단순히 "그즈음 헤로데 임금이 교회에 속한 몇몇 사람을 해치려고 손을 뻗쳤다."[4]라고만 전하는데, 그때가 43년이나 44년의 파스카였다는 점을 추측할 수 있다.

이미 언급했듯이 사도들은 지방으로 흩어진 신자들에 비해서 보수적이었다. 특히 예수의 사촌인 야고보를 중심으로 하는 이들은 다른 유다인들처럼 철저하게 율법을 지키고 성전을 참배했다. 이방인인 백인대장 코르넬리우스에게 선교한 베드로를 귀환하게 하여, 율법을 무시한 행동을 비난했던 것도 그 때문이다.

사도들 가운데는 또 다른 무리가 있었다. 베드로에게 동조하는 이들로, 일명 베드로 파였다. 그들은 아마 흩어진 신자들의 혁신적이고 적극적인 선교 태도에 공감을 가지고 은밀히 지지하고 있었을 것이다. 아그리파의 박해 대상이 된 "교회에 속한 몇몇 사람"[5]이란 말할 필요도 없이 보수파가 아닌 율법을 경시하려 하는 베드로 파였다.

박해는 파스카 직전에 감행되었다. 파스카를 앞두고서는 각지에서 많은 순례자가 예루살렘으로 올라온다. 그래서 파스카는 유다 민중의 메시아를 기다리는 마음과 민족 감정이 고조되는 때이기도 하다. 때문에 14년 전의 파스카에도 예수는 열광적인 민중의 지지를 얻고, 이를 위험하게 여긴 대사제 카야파 때문에 처형되었던 것이다.

이 해의 파스카는 칼리굴라 사건의 여파가 남아 있었던 만큼 유다인의 민족의식은 고조되었고, 반로마 감정 또한 높았을 것이다. 칼리굴라에 의해 왕위에 오른 아그리파는 예루살렘에 모인 유다인들의 흥분된 모습을 접하며 유다에 대한 자신의 충성심을 입증해야 했다. 그는 그리스도인 가운데 율법을 경시하는 이를 처벌해야 한다는 강박감에 사로잡혀 있었다. 카야파가 민중의 반로마적 폭동을 두려워해 예수를 희생물로 삼았듯이, 아그리파도 자리를 지키기 위해서 희생물을 찾아내야 했던 것이다.

희생 제물이 된 이는 제자들 가운데 요한의 형인 야고보였다. 그는 예수의 사촌인 야고보와 동명이인이다. 사도행전과 각 복음서에 언급된 사도들의 명단에서 두 번째나 세 번째로 언급되는 것으로 보아, 제자들 가운데에서 꽤 중요한 인물이었던 것 같다.

그가 베드로 파에 속했던 것은 야고보 역시 갈릴래아 어부 집안 출신이기 때문이다. 아마 어린 시절부터 베드로와 친구 사이였을 수도 있다. 그의 성격이 격정적이었다는 점은 예수를 환영하지 않았던 사마리아 마을을 불태워 버리려고 생각했던 점이나[6], '천둥의 아들'이라는 별명을 지니고 있었던 점을 보아서도 알 수 있다.

앞서 밝혔듯이 사도행전은 야고보의 죽음에 대해서 자세한 언급을 하지 않는다. 하지만 예루살렘에 모였던 유다인 순례자가 그의 처형에 긍정적인 반응을 보였다는 점에서 보면, 격정적인 그가 순례자들 앞에서 율법을 경시하는 발언을 대놓고 했을지도 모른다.

어쨌든 아그리파는 파스카 직전에 예루살렘에서 야고보를 처형하였다. 모여 있던 순례자들은 아그리파의 행동을 비난하기는커녕 오히려 지지했다. 이렇게 순례자의 지지에 힘을 얻은 왕은 다시 베드로의 체포를 단행했다. 그렇게 함으로써 자신이 유다인과 유다교에 충실함을 보이고 싶었던 것이다.

감옥에 갇힌 베드로는 파스카가 끝난 뒤에 의회의 재판에 회부될 예정이었다. 유다 규정에 따르면 축제 기간 중에는 재판을 열 수 없었기 때문이다. 사도행전에 따르면, 재판에 회부되기 전날 밤에 베드로는 탈옥에 성공한다. 한밤중 조용한 예루살렘 시내를 빠져나온 베드로는 '마르코'라고 하는 요한의 어머니 집을 찾아가 놀란 사람들에게 자초지종을 이야기하고, 예루살렘을 떠나기로 한다. 더 이상 성도에 머무르는 것은 위험했기 때문이다.

베드로가 떠나면서 비게 된 지도자 자리는 예수의 사촌 야고보가 맡게 되었다. 이때부터 베드로는 조직의 지도자로서보다는 이방인 선교에 힘을 쏟았다. 그리고 사태가 잠잠해질 때까지 예루살렘에는 돌아가지 않은 듯하다.

그런데 유다인들은 왜 베드로나 흩어진 신자들이 이방인과 사귀는 것에 분개했던 것일까? 유다인뿐만 아니라 예루살렘의 제자들 가운데도 이방인 선교를 반기지 않은 이들이 있었을까? 지금부터 이 점에 대해 자세하게 다루고자 한다.

유다인들에게 이방인이란 도대체 어떤 존재일까? 한마디로 표현하면, 이방인은 하느님에게 선택받지 못한 이들, 혹은 하느님과 신성한 계약을 맺지 않은 이들이다. 예수 시대나 초기 그리스도교 공동체가 싹트던 시기의 유다인들은 자신들이야말로 하느님으로부터 선택받은 민족이라는 의식에 불타고 있었다. 하느님은 아브라함과 여러 예언자를 통해서 유다인이야말로 자신의 백성이고, 자신과 신성한 계약을 맺은 백성이라고 계시해 왔다. '선택받은 민족'이라는 의식은 관념이 아니라 살아 있는 역사로서 유다인의 피 속에 흐르고 있었다. 그들이 많은 이민족에게 국토를 유린당하고, 이국의 여러 곳에서 고난을 견디면서도 하느님에 대한 믿음을 저버리지 않았던 것도 '선택된 민족'의 일원이라는 긍지 때문이었다.

긍지를 지키는 것은 하느님과 계약을 지키는 것이었다. 그들로서는 성전 예배나 엄격하고 번잡한 율법 준수도 유다인의 역사와 유다교의 순수성을 지키는 행위였다. 따라서 유다인은 이제 막 싹트기 시작한 '나자렛인'들이 하느님을 믿고, 성전을 존중하며, 율법을 지키는 한 자신들과 조금은 다른 가르침을 전하더라도 관대하고 대범할 수 있었다. 예수의 제자들이 빠짐없이 성전을 참배하는 동안, 바리사이 같은 이들이 호의를 보인 것도 그 때문이다.

그러나 일단 성전이 모욕당하면 사정은 달라진다. 스테파노 사건이 이를 증명한다. 율법을 무시하는 것에 대한 관대함은 있을 수 없다. 유다인들에게 이방인과 접촉하고 그들과 식사를 함께 하는 것은 유다교의 순수성을 훼손시키는 행위인 것이다. 그 이유는 무엇인가? 첫 번째로 이방인들은 할례를 받지 않았기 때문이다. 할례란 생후 8일째 되는 날 남자아이 성기의 포피를 베는 것을 말한다. 당시 유다인이 지켜야 하는 율법 조항 613개 가운데 가장 엄격하게 지켜야 했던 것은 할례와 안식일, 두 가지였다. 그들에게 할례는 단순한 관습 이상이었다. 그것은 하느님이 그들의 선조에게 가르쳐 준 신성한 계약의 표지였다. 할례를 행하는 것은 하느님에게 선택받았다는 증명이자, 그의 백성이라는 표지였던 것이다.

"하느님께서 다시 아브라함에게 말씀하셨다. '너는 내 계약을 지켜야 한다. 너와 네 뒤에 오는 후손들이 대대로 지켜야 한다. 너희가 지켜야 하는 계약, 곧 나와 너희 사이에, 그리고 네 뒤에 오는 후손들 사이에 맺어지는 계약은 이것이다. 곧 너희 가운데 모든 남자가 할례를 받는 것이다.'"[7]

"포피를 베어 할례를 받지 않은 자, 그자는 자기 백성에게서 잘려 나가야 한다. 그는 내 계약을 깨뜨린 자다."[8]

할례와 더불어 그들이 중요하게 여겼던 것은 안식일 준수이다. 일주일에 한 번인 안식일은 오늘날로 따지면 금요일 저녁부터 시작되어 토요일 저녁에 끝난다. 오늘날에도 예루살렘의 상점은 안식일 동안에는 문을 닫는다. 호텔에서조차 여행자들의 음주, 흡연이 허락되지 않는 경우도 있다. 이 안식일 규정이 예수 시대에는 한층 더 엄격했고, 에세네파에서는 안식일에 배설하는 일조차 금할 정도였다. 랍비들은 이해하기 힘든 금지 조항들을 여러 가지로 만들었다. 그 가운데는 등불을 끄는 것, 밧줄을 묶고 푸는 것, 글씨 두 자를 쓰는 것조차 금하는 항목도 있다.

우리가 보기에 우스꽝스럽고 납득할 수 없는 이러한 금지 조항은 어디까지나 안식일의 신성함을 지키려는 신념에서 생겨난 것이다. 할례나 안식일 준수에는 선택받은 백성으로서 유다교의 순수성을 철저히 지켜 나가려는 의지가 나타나 있다. 그것은 관념이 아니라 체질화된 그들의 역사이자 현실이었다.

유다인들에게 할례를 행하지 않는 이방인과 사귄다는 것은 자신들의 역사를 모독하는 것이며, 하느님의 신성을 범하고 동족을 배신하는 행위였다. 그들은 이방인이 유다교 회당에 찾아와 이야기를 듣는 것을 막지는 않았으나, 자신들의 공동체에 가입하는 것은 금했다. 만일 누가 공동체에 가입하고자 하면 할례와 안식일 의무를 지킬 것을 엄격히 요구했다.

안식일과 할례의 중요성. 이 점을 무시하고서는 성경을 올바로 이해할 수 없으며, 사도행전에 대해서도 마찬가지이다. 예를 들어, 예수가 "안식일이 사람을 위하여 생긴 것이지, 사람이 안식일을 위하여 생긴 것은 아니다."⁹라고 말했을 때, 이는 인간성 중시라는 단순한 문제를 벗어난 발언으로, 사랑의 신성함을 내세워 유다교의 신성에 도전하는 행위로 비추어졌다. 더불어 초기 그리스도교가 이방인에 대한 선교를 시도할 때, 공동체 내에 얼마나 심한 저항과 망설임이 있었는지를 생각해야 한다. 나중에 그리스도교는 이민족에게 선교할 때 이민족의 신앙과 대립해야 했다. 예수 사후 14년, 초기 그리스도교가 모태인 유다교를 극복하기 위해서는 할례라는 장애물을 타파해야 됐다.

∽

예수 사후 12년에서 13년이 흐른 예루살렘의 상황은 앞에서 언급한 바 있다. 그러면 그동안 각지로 뿔뿔이 흩어진 신자들은 무엇을 하고 있었을까?

칼리굴라 사건은 팔레스티나 전역에 세상 종말이라는 의식과 불안을 조성하여 많은 사람들로 하여금 그리스도의 재림을 설파하는 신자들의 이야기에 귀 기울이게 만들었다. 실제로 이 10년간 그리스도교는 놀랄 만큼 많은 신자들을 얻었다. 앞에서 이야기한 필리포스는 물론, 페니키아나 시리아, 키프로스 섬으로 옮겨 간 흩어진 신자들도 활발히 선교 활동을 했다. 그중에서도 예루살렘과 견줄 만한 세력을 지니고 있던 것은 시리아의 수도 안티오키아였다.

이 도시는 옛날 알렉산드로스 대왕이 정복했고, 셀레우코스 왕조의 수도였다. 로마 제국에 합병된 후에도 시리아 지역의 수도이자 유다인, 그리스인, 내륙의 유목민들이 모이는 자유 도시로 발전했다. 그래서 여러 종교가 허용되었다. 흩어진 신자들은 종교의 자유를 이용하여 예수의 복음을 전하기 시작했다. 그중에서도 키레네 섬에서 온 루키오스, '검다'는 의미의 니게르라는 별명을 가진 시메온, 헤로데 안티파스의 어린 시절 친구 마나엔이라는 신자가 열심히 활동했다.[10]

그들은 주로 유다교 회당에서 선교 활동을 했다. 유다인들 가운데는 그들의 이야기에 반발하는 이가 많았으나, 이방인들은 열심히 귀를 기울였다. 그렇지만 할례를 받지 않았기에 유다교의 하느님을 믿는다 하더라도 공동체에는 들어갈 수 없었다. 하지만 흩어진 신자들은 할례를 받지 않은 이들도 받아들였다. 그러자 이방인들이 그리스도교로 개종했다. 유다인들은 이방인과 접촉하는 그리스도인들에 대해 반감을 가지고 있었지만 어쩔 수 없었다. 신앙의 자유를 인정하는 안티오키아에서 그들을 박해할 수는 없었던 것이다. 흩어진 신자들은 두려움 없이 자유로이 선교 활동을 할 수 있었다. 그리스도교는 이제 예루살렘에서 멀리 떨어진 시리아의 자유로운 분위기 속에서 새로운 거점을 만들었다. 이렇게 해서 보수적이고 유다교적인 예루살렘 교회와는 달리 안티오키아에는 개방적인 교회가 생겼다.

사도행전에는 이에 대한 기록이 없다. 그러나 안티오키아에서 많은 이방인이 개종하고 있다는 소식이 전해지자 이를 반갑게 받아들이

지 않는 이들이 있었다는 점은 분명하다. 그들은 개종자가 자신들 무리에 들어오기 위해서는 할례를 받고 안식일을 지켜야 한다고 주장했다. 베드로 파는 이렇게 난색을 표하는 이들에 대해 반대 입장을 보였을 것이다. 베드로 파는 스테파노 사건 때 박해받는 신자들을 돌보지 않았다는 가책을 느끼고 있었다. 그들은 예수가 율법보다 사랑을 소중히 여겼다는 것을 알고 있었기에 할례보다 복음을 중요시해야 한다고 생각하고 있었다. 양 집단은 서로 논쟁을 한 후에 결국 실정을 조사할 겸 바르나바라고 불리는 이를 파견하기로 결정했다.

바르나바에 대해서는 앞서 이미 언급한 적이 있다. 그는 갈릴래아에서 예루살렘으로 되돌아온 제자들이 최초로 공동체를 만들었을 때, 공동체를 위해 자신이 소유한 밭을 팔기도 했다. 키프로스 섬 출신인 그는 제자들 무리에 속했으나 '그리스계 유다인'이었다. 이 점을 보더라도 그가 흩어진 신자들에게 친밀감을 느끼고 있었다는 점은 의심할 수 없다.

예루살렘을 떠나 안티오키아에 도착한 바르나바는 활기에 넘친 이 도시에서 생각 이상으로 그리스도인들이 자유로이 활동하고, 개종자가 이어지는 것을 보았다. 유다인들에게 둘러싸인 폐쇄적인 예루살렘과는 달리 모두가 박해의 걱정 없이 자유롭게 예수의 복음을 전했다. 이를 보고 바르나바는 매우 기뻐했다. 그는 그 후에 예루살렘의 제자들을 떠나 안티오키아 교회를 위해서 활동하게 된다.

그러나 바르나바에게도 고민이 있었다. 예루살렘 제자들에게서 파견되었으니 예루살렘의 보수파들을 설득해야 했는데, "성령과 믿음이 충만한"[11] 그는 자신에게 그러한 힘이 없다는 것을 알고 있었다. 그래서 힘이 되어 줄 사람이 필요했다. 그때 바오로가 안티오키아에서 그리 멀지 않은 타르수스에서 선교 활동을 하고 있음을 기억해 냈다. 또한 바오로가 스테파노 사건 때 박해자였으며, 다마스쿠스에서 개종했다는 것을 알고 있었다. 그리고 개종 후에 단 한 번 예루살렘에 왔고, 15일간 머물며 베드로와 야고보만 만나고 돌아갔으며, 지금은 신앙심에 불타는 명석한 두뇌를 지닌 사람이라는 이야기를 베드로에게 들어 알고 있었다. 그는 바오로를 자신의 보조자로 삼고자 했고, 즉시 타르수스로 떠났다.

바오로는 개종 후에 고향 타르수스에 다시 돌아오기까지 무슨 일을 하고 있었을까? 어떤 자료에 따르면, 그는 개종 후에 다마스쿠스에서 요르단강 동쪽 지역으로 떠난 듯하다. 당시 그 지역의 페트라와 게라사, 필라델피아(현재의 암만) 같은 도시는 유다교의 영향이 미치지 않는 이교 지역이었다.

그가 왜 이교 지역으로 갔는지는 알 수 없다. 굳이 추측해 본다면 유다인보다는 이방인들을 상대로 자신이 알고 있는 그리스도를 전하고 싶어 했으리라. 이런 점에서 바오로의 그리스도교는 예루살렘의 사도들이 아니라 어디까지나 흩어진 신자(디아스포라) 가운데서 생겨났다. 그는 유다교의 틀을 벗어난 그리스도교를 근거로 하고 있었다.

그런 이유에서인지 그는 나중에 당시를 기억하며, "그때에 나는 어떠한 사람과도 바로 상의하지 않았습니다. 나보다 먼저 사도가 된 이들을 찾아 예루살렘에 올라가지도 않았습니다."[12]라며 자랑스럽게 말한다.

왜 바오로는 이때 예루살렘의 사도들과 접촉하지 않았을까? 그가 자신을 자랑스럽게 여기는 근거는 무엇일까? 바로 자신이 지닌 그리스도에 대한 신앙이 예루살렘의 제자들이 지닌 신앙과는 다르다는 자신감이 있었기 때문이다. 바오로는 랍비가 되고자 오랫동안 유다교를 배웠고, 흩어진 신자들의 신앙을 알게 됨으로써 유다교를 극복했다. 그런데 예루살렘의 제자들은 예수와 함께 생활했으면서도 아직 유다교의 틀 안에 머물러 있었고, 신앙은 예수에 대한 기억과 연결되어 있으나 유다교를 극복하지 못했다.

바오로는 제자들처럼 생전의 예수를 본 적이 없으며, 함께 생활한 적도 없었다. 생전의 예수는 모르지만 자신에게 계시한 그리스도, 즉 부활한 그리스도는 알았다. 참다운 그리스도교는 예수에 대한 기억에 기반하는 것이 아닌, 그리스도의 부활이 중심이 되어야 한다. 이것이 바오로가 지닌 자신감이었다.

개종 후에 이방인 선교야말로 자신의 사명이라고 생각한 바오로와 예루살렘의 제자들은 서로 대립한다. 열렬한 신앙심과 더불어 오만한 성격의 바오로는 이런 이유로 아무와도 상의하지 않고 동부 요르단 지역으로 떠났다. 그러나 동부 요르단 지역 선교는 실패한 듯하다. 만일 선교 활동이 성공했더라면 어떤 언급이 있을 터인데, 이 시기의 일에 대해서는 거의 언급하지 않기 때문이다. 그러나 그 실패에는 중요한 의미가 있다. 유다교를 극복하기 위해 유다교가 전해지지 않은 곳에서 선교 활동을 하려고 했던 바오로가 그리스도교를 전하기 위해서는 유다교라는 기반이 필요함을 깨달은 것이다. 또한 범신론적 풍토 속에 일신론을 전하는 어려움을 처음으로 체험했다. 동부 요르단 지역의 범신론적인 세계는 그리스도교라는 일신론을 전하고자 한 바오로를 거부했다.

이에 좌절한 바오로는 3년 후에 다시 고향 타르수스로 돌아가기로 마음을 굳힌다. 아마 유다교 영향권 지역에서 그리스도교를 전하는 게 쉽다고 생각했기 때문일 것이다. 그는 다마스쿠스로 되돌아갔다. 그러나 자신이 이전에 그리스도인들을 박해한 적이 있기 때문에, 팔레스티나에서 그리스도를 전하기 위해서는 예루살렘 사도들의 승인이 있어야 함을 알고 있었다. 바오로는 어쩔 수 없이 예루살렘으로 가기로 결심했다. 아마도 상당히 자존심이 상했을 것이다.

"그러고 나서 삼 년 뒤에 나는 케파를 만나려고 예루살렘에 올라가, 보름 동안 그와 함께 지냈습니다. 그러나 다른 사도는 아무도 만나 보지 않았습니다. 주님의 형제 야고보만 보았을 뿐입니다."[13]라는 그의 고백에서 이런 감정을 엿볼 수 있다. 예루살렘에서 베드로와 야고보 외에는 아무도 만나지 않았던 것도 이 때문이었다. 구태의연하게 유다교 틀 안에 머물던 제자들을 대면하는 일이 유다교를 극복하고자 했던 그에게는 썩 유쾌하지 않았다. 신학자 귄터 보른캄은 《바오로》에서 "베드로와 바오로 간의 이 회의가 완전한 일치에 이르렀다고는 볼 수 없다."라고 썼다. "베드로는 모든 문제를 예측하지 못한 채, 이 새로운 복음 선교자가 하는 대로 맡겼을 것이다."라는 귄터 보른캄의 말은 베드로의 나약한 성격을 고려한다면 납득할 수 있다.

바오로가 고향 타르수스에서 했던 선교 활동은 성공적이었다. 타르수스에서는 요르단 동부 지역과는 달리 유다교의 언어로, 특히 바리사이의 사고방식으로 그리스도를 전할 수 있었기 때문일 것이다.

그러던 어느 날, 바르나바가 타르수스에 나타나 이방인 선교 문제에 대해 예루살렘의 사도들을 설득시키고 싶다고 제안했다. 바오로는 즉시 찬성했다. 그는 선교에서 암적인 요소인 할례 문제를 해결하고, 이방인 선교에 유다교를 뛰어넘는 그리스도교의 특색을 두어야 한다고 오랫동안 생각해 왔던 것이다.

제자들과 바오로의
차이

이쯤에서 생전의 예수가 이방인을 어떻게 생각했는지 살펴보는 것도 흥미로울 것 같다. 그러나 복음서를 보면 예수가 이방인에 대해 이야기한 내용은 의외로 적다. 공관 복음서의 경우 네댓 개정도이다. 예수는 기도에 대해 이야기하면서 "너희는 기도할 때에 다른 민족 사람들처럼 빈말을 되풀이하지 마라. 그들은 말을 많이 해야 들어 주시는 줄로 생각한다."[1]라고 말한 적이 있다. 그러나 이 말은 이방인을 경원시하고, 복음을 전하는 것을 거부하는 뜻은 아니다.

예수가 이방인들에게 복음을 전하는 것을 명백하게 금한 것은 갈릴래아에서 쫓겨난 후, 제자들을 각지로 파견하여 자신을 대신해 선교하도록 한 때이다. 이때 예수는 자신의 죽음을 예측하고 있었기 때문에 복음이 되도록 많은 이에게 전해지기를 바라고 있었다. 그는 출발하려는 제자들에게 이렇게 말했다.

"다른 민족들에게 가는 길로 가지 말고, 사마리아인들의 고을에도

들어가지 마라. 이스라엘 집안의 길 잃은 양들에게 가라."[2]

이 말을 예수가 자신의 가르침을 유다인들에게만 전하고, 이방인들은 제외시키라는 의미로 생각할 수 있다. 제자들도 이런 의미로 받아들였을 것이다. 그러나 예수는 편협하지 않았다. 그는 유다인이 경멸하는 사마리아 여인에게도 말을 건넸고, 사람들에게 돌팔매질당할 위기에 처한 여자도 변호했고, 자신의 발을 닦으며 말없이 눈물을 흘리는 여인을 위로했으며, 당시의 유다인들이 천한 직업으로 여기던 세리를 제자로 받아들였다. 흩어진 신자들은 예수의 이러한 면을 잘 알고 있었다. 그러기에 유다인들이 경멸하는 이방인들에게도 복음을 전한 것이 이상한 일은 아니다.

생전의 예수는 율법을 지켰고, 성전을 예배하며 유다인으로 살았다. 그의 활동 영역은 유다 지역에 국한되어 있었고, 유다인 위주로 자신의 메시지를 전했다. 그러나 예수의 행동에는 유다교의 율법을 초월하는 것이 있었다. 바로 사랑이 율법과 성전보다도 위대하다는 가르침이었다. "안식일이 사람을 위하여 생긴 것이지, 사람이 안식일을 위하여 생긴 것은 아니다."[3]라는 말에서 이런 생각을 엿볼 수 있다.

제자들 사이에서도 예수의 이런 모습 가운데 어느 것을 취하느냐에 따라 이방인에 대한 태도가 달랐다. 예수의 생활을 직접 본 제자 가운데 어떤 이는 율법을 준수하고 성전 예배를 한 유다교 틀 안에 머문 스승을 본받으려 했다. 반면 흩어진 신자들은 생전의 예수를 알지 못했기에 율법을 초월하여 살았던 예수의 뜻을 계속 받아들이려 했던 것이다.

 이 점은 초기 그리스도교 공동체 가운데에 예수에 대한 두 가지의 관념이 있었음을 암시한다. '예수는 유다인으로서 살았는가? 아니면 유다교를 초월하였는가?' 처음에 이 두 가지 문제는 신자들에게 별 혼란 없이 받아들여졌다. 그러나 이방인 문제를 계기로 해서 마찰을 일으키게 된다. 따라서 그들은 예수를 구약의 완성자 혹은 유다교를 초월한 사랑의 모습으로 취할 것인가에 대한 문제와 맞닥뜨리게 된다. 이는 이방인 문제가 안고 있던 것이기도 하다.

 예루살렘의 제자들 가운데 일부는 이방인을 받아들이려 하지 않았다. 베드로 일행은 우파와 좌파의 의견을 수용하여 때와 상황에 맞춰 처신했다. 이는 베드로가 흩어진 신자들에게 호의를 가지고 코르넬리우스와 같은 이방인에게도 복음을 전했지만, 보수파로부터 압력을 받자 애매한 입장을 취한 것으로 보아 알 수 있다. 여기에 조직의 지도자로서 베드로가 겪은 어려움과 약점이 있다.

 예수를 유다교를 초월한 사랑의 모습으로 취하려 했던 이들은 예루살렘 교회에 저항하기 시작한 안티오키아 교회의 바오로 일행이다. 특히 바오로의 경우는 오랫동안 자신이 배운 율법의 한계로 인해 고통스러워하다가 이를 극복하고자 그리스도를 선택했다. 율법을 준수하는 일은 죄를 아는 것이고, 율법에 구애받게 되면 한없이 죄에 묶이게 된다. 이렇게 생각한 바오로는 율법을 극복하려고 한 그리스도야말로 주님이라고 믿었다. 그에게 중요한 것은 생전의 예수가 아니라 그리스도였다. 그가 볼 때 율법에 구애받아 이방인 선교를 거절하려는 사람은 "거짓 형제"[4]에 지나지 않았다.

이처럼 이방인 문제를 두 가지 예수 상으로 나누어, 초기 그리스도교 공동체의 마찰과 대립으로 파악하면 쉽게 이해된다.

─⊂≫─

시리아의 안티오키아로 떠난 바르나바는 이방인 문제를 해결하려 했다. 그는 당시 고향 타르수스에서 독립하여 선교 활동을 하고 있던 바오로를 협조자로 택한다. 학자들 간에 각기 다른 의견이 있으나, 사도행전에 따르면 바르나바와 바오로는 협력하여 약 1년 동안 안티오키아에서 선교 활동을 한다. 그 후 이방인 문제에 관해 제자들과 상의하러 성도 예루살렘으로 올라가기로 한다. 마침 46년경부터 팔레스티나 지역은 심각한 기근 상태였다. 그래서 경제적으로 어려움에 처한 예루살렘 교회에 구호 헌금을 보내기로 한다. 아마 그렇게 함으로써 제자들의 호의를 얻고 우호적으로 이야기를 진행할 수 있으리라 판단했을 것이다.

사도행전에 따르면 예루살렘으로 간 바오로가 이방인 문제를 해결하기보다는, 박해자였던 자신을 사도로 인정해 달라고 한 것처럼 묘사되어 있다. 처음에는 그의 본심을 의심했던 제자들도 바르나바의 설명과 예루살렘에서 바오로가 한 선교 활동을 보고, 일원으로 받아들였다고 한다.

갈라티아 신자들에게 보낸 서간에 따르면, 이때 바오로는 보수파인 제자들에게 도전하듯 할례를 받지 않은 티토라는 그리스인 신자와 동행했다. 이러한 그의 행동은 일부 거짓 형제들의 노여움을 사고 비난을 받았다. 하지만 베드로, 야고보, 요한 같은 지도자들의 지지에 힘입어, 예루살렘 교회에 구호 헌금을 계속 보내는 조건으로 이방인 선교가 인정받았다고 기록되어 있다.[5]

사도행전과 갈라티아 신자들에게 보낸 서간의 엇갈리는 내용 중에 어느 것이 옳은지는 알 수 없다. 이 두 가지 내용에서 떠올릴 수 있는 당시 상황은 이방인 문제를 둘러싸고 바오로와 보수파 제자들 사이에 상당한 논쟁이 있었고, 이로 인한 분쟁을 피하기 위하여 베드로와 야고보, 요한이 타협안을 제시했다는 것이다. 그 타협안이란 안티오키아 교회가 예루살렘 교회에 계속해서 구호 헌금 혹은 헌금을 보내는 것이었다. 이 안을 받아들이는 것은 안티오키아 교회가 예루살렘 교회에 종속됨을 뜻했다. 이렇게 해서 안티오키아의 선교는 용인되었지만, 가장 중요한 이방인 문제는 아무것도 해결되지 않은 채 애매모호하게 남게 되었다.

사도행전과 갈라티아 신자들에게 보낸 서간에 언급된 예루살렘 사도 회의에 관한 내용을 살펴보면, 당시의 바오로와 베드로 일행 간의 대립과 각각의 성격이 드러난다. 갈릴래아 어부 출신인 베드로 일행은 유다교의 랍비 교육을 받은 바오로의 뛰어난 화술을 당해 내지 못했다. 이전에 아그리파의 박해로 예루살렘을 떠났던 베드로는 당시 사태가 잠잠해진 틈을 타 잠시 예루살렘에 돌아와 있었다. 그는 다시 율법을 무시하는 문제로 유다인의 분노를 살 것을 두려워하여 격정적인 성격인 바오로를 달래기 시작했을 것이다. 예수의 사촌인 야고보도 그 이상의 혼란이 야기되는 것은 바람직하지 못하다고 느꼈다. 그래서 요한과 더불어 베드로의 의견을 따랐다. 한마디로 그들은 바오로 때문에 난처한 입장이었다.

그런데 바오로는 그 나름대로 베드로 일행의 태도를 자신의 의견에 동의한 것으로 받아들였다. 격정적이고 과격한 성격의 사람은 자칫 모든 것을 자신에게 유리하게 받아들이는 경향이 있다.

바오로는 "교회의 기둥으로 여겨지는 야고보와 케파와 요한은 하느님께서 나에게 베푸신 은총을 인정하고, 친교의 표시로 나와 바르나바에게 오른손을 내밀어 악수하였습니다. 그리하여 우리는 다른 민족들에게 가고 그들은 할례 받은 이들에게 가기로 하였습니다."[6]라고 자랑스럽게 이야기한다.

유다인들에게 손을 내미는 행위는 화해를 뜻한다. 또한 오른손을 내미는 쪽이 연장자임을 의미하였다. 이때 바오로가 친교의 악수라는 점을 굳이 강조한 것은 베드로 일행과 대등한 입장에서 이방인 문제를 해결했음을 뜻한다. 또한 서로의 역할 분담이 대등하게 이루어져 자신과 바르나바는 할례를 받지 않은 이방인을 대상으로, 베드로 일행은 유다인을 대상으로 선교하게 되었다고 믿었던 것이다.

아마 이 점은 바오로의 오해였을 것이다. 다시 말한다면, 사도들은 이 역할 분담에 대해 인정하지 않았으나 바오로가 일방적으로 그렇게 생각한 것이다. 하지만 바오로가 이렇게 생각한 데에는 베드로 일행의 불분명한 처신도 일말의 책임이 있다고 본다.

  사도행전에 따르면 예루살렘 사도 회의를 마치고 안티오키아로 돌아간 바오로와 바르나바는 제1차 선교 여행에 나선다. 안티오키아의 신자들은 예루살렘 교회가 이방인 선교를 허락했다는 소식을 듣고 힘을 얻어 광범위하고 적극적으로 선교 활동을 해야 한다는 결론에 도달했다. 바르나바와 바오로는 교회 일에서 손을 떼고, 그 대신에 인접한 여러 나라로 선교 여행을 떠나게 되었다.

  제1차 선교 여행은 사도행전에만 전해지고, 이방인 선교에서 가장 중요한 역할을 한 바오로는 자신의 서간에서 아무런 언급도 하지 않는다. 때문에 사도행전의 이 내용은 저자 루카 복음사가의 창작이라고 주장하는 학자도 있다. 하지만 이를 뒷받침할 만한 확실한 증거는 없다.

  사도행전에 기록된 바오로의 제1차 선교 여행에서 보이는 흥미로운 점은 선교의 성과나 그들이 다닌 곳이 어디였는지가 아니다. 오히려 이 선교 여행에서 드러나는 바오로의 과격한 성격과 모습이다. 바오로는 이따금 나약한 모습을 보이는 베드로와는 다르게 강한 이미지이다.

바오로와 바르나바는 이 여행의 조수로 예루살렘에서 데리고 온 바르나바의 사촌인 마르코를 선택했다. 어쩌면 마르코는 예수가 겟세마니 동산에서 잡혔을 때 "아마포를 버리고 알몸으로 달아난"[7] 사람일지도 모른다.

세 사람은 먼저 바르나바의 고향인 키프로스 섬으로 갔고, 로마의 갈라티아 주의 식민 도시인 안티오키아와[8] 이코니온, 리스트라를 방문했다.

여행은 편하지 않았다. 그들은 각 지방의 주요 도시를 골라 안식일에 열리는 유다교 회당의 자유 토론에 참가하는 방법으로 선교했다. 회당에는 유다인들뿐 아니라 유다교에 관심이 있는 이방인들도 있었기 때문이다. 바오로는 가는 곳마다 할례를 받지 않은 이방인도 그리스도를 통하여 구원받을 권리가 있다고 주장했다. 이방인들은 바오로의 이런 발언과 율법을 중시하지 않는 태도를 반겼지만, 유다인들은 분노했다. 과격한 바오로의 이런 도발적인 행동은 바르나바와 마르코를 불안하게 했을 것이다. 결국 마르코는 바오로가 지닌 불굴의 신념, 혹은 과격한 성격을 견딜 수 없었는지 여행 도중에 그만둔다. 바오로는 이런 마르코를 경멸하며 불쾌감을 느낀 모양이다. 이는 훗날 바오로가 제2차 선교 여행 때 마르코를 데리고 가자고 했던 바르나바의 의견을 거절한 것을 보아 알 수 있다.

바오로는 예루살렘 교회에게 이방인 선교에 관한 전권을 위임받았다고 생각하였으나 가는 곳마다 쫓겨나고 때로는 유다인들에게 돌팔

매질을 당하기도 했다. 하지만 이를 두려워하지도 않고 거기에 굴하지도 않았다. 물론 사도행전에는 이처럼 과격한 성격의 바오로와 여행을 하는 바르나바의 심정에 대한 언급이 없다. 아마 베드로가 예루살렘에서 그러했던 것처럼 난처한 입장이었을 것이다. 바오로도 지나칠 정도로 마음이 착하고 여린 바르나바에게 환멸을 느꼈는지도 모른다.

힘든 여행을 계속한 후에 아탈리아에서 배를 타고 귀로에 올랐을 때, 두 사람 사이의 감정은 출발 전과 달리 틀어졌을 것이다. 바오로와 바르나바는 이런 불편한 감정을 지닌 채, 안티오키아로 돌아오게 되었다.

이윽고 48년 혹은 49년 즈음, 안티오키아 교회에서는 이방인 문제가 논란이 되었다. 안티오키아를 찾아온 예루살렘의 유다인 신자들이 소동을 벌였던 것이다. 그들은 이방인들이 그리스도교에 들어오기 위해서는 할례를 받아야 한다고 고집했다. 바오로와 바르나바는 그들과 논쟁을 벌였지만 결론을 얻지 못한다. 바오로 일행은 이번에야말로 이 문제를 결말지어야겠다고 생각했다. 그렇지 않으면 예루살렘 교회와 안티오키아 교회 간의 상호 이해는 근본적으로 성립되지 않을 것이기 때문이다. 두 사람은 안티오키아 교회를 대표하여 사마리아를 지나 성도 예루살렘으로 올라가 제자들과 토론하게 되었다. 이것이 이른바 '예루살렘 사도 회의'이다.[9] 이를 오히려 '모임'이라고 하는 편이 옳을지 모르겠다. 나는 이 대목을 읽으며 예루살렘의 어떤 신자의 집에서 제자들과 신자 대표가 바오로와 바르나바를 둘러싸고 앉아 있는 광경을 떠올린다.

사도행전에 따르면, 먼저 바오로와 바르나바가 말문을 열어 안티오키아 선교에서 거둔 놀라운 성과를 보고했다. 보고가 끝나자 기회를 엿보던 반대자들은 비난조로 말했다. 반대자들은 이전에 바리사이였다가 개종한 사람들이다. 그들은 이방인이 공동체에 들어오기 위해서는 먼저 할례를 받아야 하며, 유다인들과 마찬가지로 모세로부터 전해지는 율법을 일상에서 지켜야 한다고 강력하게 주장했다.

이로써 격렬한 논쟁이 오갔다. 그들의 주장은 평행선을 이루었고, 결국 베드로나 야고보 같은 지도자가 나서서 결정해야 했다. 자리에서 일어난 베드로는 사람들이 지켜보는 가운데 바오로를 옹호했다. 그는 자신이 이방인 백인대장 코르넬리우스를 개종시킨 사실을 상기시키며, "왜 우리 조상들도 우리도 다 감당할 수 없던 멍에를 형제들의 목에 씌워 하느님을 시험하는 것입니까?"[10]라고 말했던 것이다.

반대자들이 이 결론에 대해 잠시 침묵을 지키자 야고보가 타협안을 제시했다. 야고보는 반대자들의 입장이었지만, 중재를 위해서 이방인들이 다음과 같은 조건을 지킨다면 공동체에 받아들일 의도였다. 그 조건은 두 가지였다. 첫 번째는 우상에게 바쳐 더러워진 음식과 목 졸라 죽인 짐승의 고기와 피를 멀리할 것, 두 번째는 불륜을 하지 말 것이었다.[11] 이것이 사도행전에 기록되어 있는 '예루살렘 사도 회의'의 경과이다.

유다인이 아닌 우리에게 이 회의의 결과가 아무 상관없는 일처럼 느껴질 것이다. 할례 문제의 심각성을 이해할 수는 있다 하더라도, 경험해 보지 못했기 때문에 그럴 것이다. 참고로 야고보의 이런 제안은 회의가 끝난 후 채택된 것이며, 창세기 9장에서 노아에게 제시된 계율이다. 아마도 이런 부분을 성서학자들이 설명해 준다 해도 그리 흥미롭게 느껴지지는 않을 것이다.

하지만 이 회의를 다른 측면에서 본다면 관심이 생길 것이다. 이는 사도행전이 생략하거나 기록하지 않은 부분이다. 분명히 회의는 할례를 받지 않은 이방인을 신도로 받아들일 것인가에 대한 문제를 중점으로 다루었다. 하지만 그뿐만 아니라 여기에서 파생된 다른 문제에 대해서도 격렬한 토론이 있었을 것이다.

당시의 상황을 상상해 보자. 먼저, 자신들에게 유리한 분위기를 만들고자 한 바오로와 바르나바는 자랑스러운 듯이 안티오키아에서의 선교 성과를 보고한다. 그 보고가 끝나자 비판과 비난이 따른다.

"어째서 할례를 받지 않은 이방인들을 신자로 받아들이는 겁니까?"

할례는 단순한 관습이나 형식이 아니다. 이는 하느님께서 유다인들만을 자신의 백성으로 선택했다는 계약의 표지이다. 반대자들은 바오로 일행이 이러한 하느님의 말씀을 모독하고, 하느님과 신성한 계약을 짓밟으려 한다고 생각했다. 바오로는 반대자들의 이러한 주장에 교묘하게 반박한다.

"하느님은 할례를 받기 전부터 아브라함을 의인으로 인정해 주셨습니다. 그가 의인으로 인정받은 것은 할례를 받았기 때문이 아닙니다."

그러므로 "할례를 받았느냐 받지 않았느냐는 대수롭지 않습니다. 하느님의 계명을 지키는 일만이 중요합니다."[12] 따라서 하느님은 할례를 받은 유다인들뿐 아니라 할례를 받지 않은 이방인들의 하느님이기도 하다. "할례 받지 않은 이들도 믿음을 통하여 의롭게 해 주실 것입니다."[13]

바오로는 이러한 반박의 내용을 자신의 서간에 기록했다. 그는 '예루살렘 사도 회의'에서도 같은 논리를 폈을 것이다. 그리고 비난의 논점이 할례에서 바오로의 율법 경시로 옮겨졌을 때도 다음과 같이 교묘하게 항변했을 것이다.

"다른 민족들이 율법을 가지고 있지 않으면서도 본성에 따라 율법에서 요구하는 것을 실천하면, 율법을 가지고 있지 않은 그들이 자신들에게는 율법이 됩니다. 그대가 율법을 실천하면 할례는 유익합니다. 그러나 그대가 율법을 어기면, 그대가 받은 할례는 할례가 아닌 것이 되고 맙니다. 그러니 할례 받지 않은 이들이 율법의 규정들을 지키면, 할례를 받지 않았지만 할례를 받은 것으로 여겨지지 않겠습니까?"[14]

여기서 바오로는 이전까지의 자세와는 달리 진지한 자세로 자신이 율법에 대해 생각하고 있던 바를 피력했을 것이다. 또한 자신은 반대파가 비난하는 것처럼 율법이나 계율을 무시하거나 경멸하는 것이 아니라고 말했다. 그 옛날 자신 또한 열심히 율법을 배웠고, 유다인으로서 열심히 살았지만 율법과 계율이 구원의 기쁨을 주지 못했다고 고백한다. 그리고 그렇게 살았던 것이 인간으로서 극복할 수 없는 비애만을 안겨 주었다는 점을 이야기했을 것이다.

"율법이 없었다면 나는 죄를 몰랐을 것입니다. 율법에서 '탐내서는 안 된다.'고 하지 않았으면 나는 탐욕을 알지 못하였을 것입니다. 이 계명을 빌미로 죄가 내 안에 온갖 탐욕을 일으켜 놓았습니다."[15]

그의 이러한 고백은 마음에서 우러난 것이리라. 율법은 자신을 의롭게 하지 못하고, 오히려 죄가 어떤 것인지를 알게 하여 괴롭힐 뿐이었다. 여기에 율법의 한계가 있었다.

바오로는 인간이 고통스러운 존재라는 사실과 인간 행위의 한계를 지적하는 듯하다. 인간은 누군가를 위해서 선한 일을 하려고 한다. 하지만 선하다고 생각한 것이 실은 자신의 독선이며, 그것이 상대에게 상처를 입힌다는 것을 깨닫지 못한다. 바오로는 우리가 인생살이에서 경험하는 이러한 괴로움을 지적하며, 율법은 한계성이 있다고 주장한다. "선을 바라면서도 하지 못하고, 악을 바라지 않으면서도 그것을 하고 맙니다."[16]

그가 예루살렘 사도 회의에서 자신이 겪은 율법의 한계성을 이야기했는지는 알 수 없다. 그러나 로마 신자들에게 보낸 서간에 있는 이러한 생각은 베드로와 야고보를 비롯한 그 외의 제자들과 바오로와 반대 입장을 취한 이들도 들었을 것이다. 율법만으로는 인간은 구원의 기쁨을 누릴 수 없다. 인간의 행위나 원죄는 아무리 계율이나 율법으로 다스린다 하여도 속박으로 오히려 죄의 냄새를 풍길 뿐이다. 바오로는 이를 경험해 보았기에 잘 알고 있었을 것이다. 그는 나중에 이렇게 고백한다 "나는 과연 비참한 인간입니다. 누가 이 죽음에 빠진 몸에서 나를 구해 줄 수 있습니까?"[17]

바오로가 괴로움에 찬 이 말을 토론 장소에서 자신을 지켜보는 제자들에게 했는지는 알 수 없다. 그는 누가 이 죽음에 빠진 몸에서 나를 구해 줄 수 있겠냐는 물음에 대해 바로 그리스도라고 답한다.

여기에서 제자들과는 다른 바오로만의 그리스도론이 전개된다. 율법은 인간을 막다른 곳으로 몰아넣었다. 죄에서 벗어나고자 계율과 율법을 지키지만, 돌을 던진 수면에 물결이 일듯이 계속해서 새로운 죄에 휘말린다. 바로 여기에 인간 행위의 비애와 원죄의 고통이 있다. 그런 인간을 원죄에서 해방시키는 존재, 그가 바로 '하느님의 아들' 그리스도이다. 하느님은 인간과 화해하기 위해 그리스도를 이 세상에 태어나게 하고, 십자가에서 죽음을 맞도록 했다. 이런 의미에서 그리스도는 속죄물이 되었다.

만일 바오로가 이 격렬한 토론 석상에서 할례나 율법 문제에서 파생되는 이 그리스도론에 대해 언급했다면 어떨까? 우리에게 거리감이 느껴지는 이 예루살렘 사도 회의는 새로운 관점에서 고찰될 필요가 있다. 물론 사도행전이나 바오로의 서간에는 그리스도론에 대해서 언급되어 있지 않다. 그러나 이 회의의 중대성으로 미루어 볼 때 바오로가 자신의 율법론이나 그리스도론에 대해 입을 다물고 있었다고 생각되지는 않는다. 이는 예루살렘 사도 회의가 바오로의 그리스도관과 제자들의 그리스도관을 두고 대결한 곳이기도 했다.

 이제 제자들과 바오로와의 차이를 생각해 보고자 한다. 제자들은 생전의 예수와 생활을 함께하며 그의 모습을 직접 보고 가르침을 들었다. 또한 그가 어떻게 활동했는지도 알고 있었다. 내가 《예수의 생애》에서 역설했듯이, 제자들은 생전의 예수를 이해하지 못했고, 자신들 나름대로 그에게 기대를 걸고 있었다. 그렇다 하더라도 어쨌든 그들은 예수와 생활을 함께했다. 그렇기 때문에 예수에 대한 기억이 마음속에 생생하게 남아 있었다. 그러나 바오로는 생전의 예수를 본 적도, 가르침을 직접 들은 적도 없었다.

 제자들에게 '그리스도' 이전의 '예수'는 도저히 잊을 수 없는 존재이다. 반면에 바오로는 예수에 대해 그 죽음과 부활의 의미 이외에는 별로 관심이 없는 듯이 보인다. 그에게는 '예수'보다는 '그리스도'가 중요했던 것이다. 바오로는 나자렛 사람 예수가 짧은 생애 동안 어떻게 살았는가에 대한 문제보다, 그가 왜 십자가에 달렸고, 부활했는가에 대해서 더 관심을 가졌다.

 이 점에서 오늘날 성서학자들이 문제로 삼는 것처럼 '예수의 가르침과 바오로 신학의 영향을 받은 그리스도교는 서로 다른 것이 아닐까?'라는 의문도 생긴다. 바오로는 예수가 아니라 그 자신이 고통을 겪었던 율법의 한계에서 인간을 해방시키고 하느님과 인간을 화해시키는 그리스도를 믿었다. 이 그리스도는 실제 예수의 가르침과는 차이가 있을지도 모른다. 그 때문에 윌리엄 브레데 같은 학자는 "바오로는 예수의 신학적 해석자이며 후계자이다."라는 이전까지의 견해를 버리고 "인간 예수와는 전혀 관계없이 성립된 이념으로 예수를 이해하려고 했다."라고 말하기도 하였다.

그러나 바오로가 다마스쿠스에서 충격을 받은 것처럼 제자들도 예수의 죽음으로 충격을 받았고, 그 죽음을 수수께끼로 품고 있었다.

'사랑 자체였던 스승이 어째서 비참하고 굴욕적인 죽음을 당해야 했던 걸까? 하느님은 그때 왜 침묵을 지키고 있었는가?'

이 의문은 제자들을 당황스럽게 했다. 그들은 예수를 배반한 비겁자이며 겁쟁이였기에 늘 죄책감과 후회에 사로잡혀 있었을 것이다.

예수는 왜 죽었으며, 하느님은 왜 침묵을 지키고 있었는가? 제자들도 바오로처럼 이 문제를 화두로 여기고 있었다. 따라서 바오로가 인간 예수에게서 전혀 영향을 받지 않았다고 말할 수는 없을 것이다. 제자들은 단지 이 의문에 대한 해답을 예언자들의 말 가운데서 찾으려고 했다. 즉 유다교의 틀 안에서 예수의 죽음이라는 문제를 풀려고 애썼던 것이다.

그러나 율법의 한계라는 문제로 매우 괴로워하던 바오로는 유다교의 틀 밖에서 이 의문을 해결하려고 했다. 유다교라는 틀에 묶인 그리스도론과 유다교를 벗어난 다른 차원의 그리스도론. 이 두 가지가 대립하고 부딪친 것이 예루살렘 사도 회의였다. 이렇게 본다면 예루살렘 사도 회의는 우리와 별 상관없고 흥미롭지 않은 할례만을 다루었던 것이 아니다. 다시 말해 유다교라는 틀에 묶여 있던 그리스도론을 깨고 새로운 그리스도론이 태어났던 것이 예루살렘 사도 회의였다.

만일 바오로가 이 자리에서 그가 믿는 그리스도론에 대해 이야기했다면, 베드로 일행인 제자들은 바오로의 이야기를 어떤 마음으로 들었을까?

갈릴래아의 어부 출신인 그들로서는 분명히 바오로처럼 신학을 창조할 능력이 없었다. 그들은 스승 예수의 죽음에 대한 해답을 예언자들의 말에서 찾으려고 했으나, 바오로처럼 수수께끼를 명쾌하게 해명할 논리성은 가지고 있지 못했을 것이다. 바오로의 능란한 화술에 베드로뿐 아니라 야고보마저 압도당했다고 상상해 볼 수 있다. 처음 반대파의 격렬한 주장에도 불구하고 회의의 흐름이 바오로와 바르나바에게 유리하게 진행된 것은 아마도 그 때문일 것이다. 예수의 죽음에 대해 오랫동안 의문을 품었던 그들은 바오로의 영향을 받아 그제서야 비로소 다른 각도에서 바라볼 수 있는 안목을 얻었는지도 모른다.

그러나 회의 참석자 전원이 그랬을 리는 없고, 반대파 가운데는 석연치 않게 여기는 이들도 있었을 것이다. 그것은 그 후에 다시 이 할례 문제가 논란이 되는 것을 보더라도 알 수 있다. 바오로의 입장에서 볼 때 '거짓 형제'인 이 사람들이 석연치 않게 여기는 것도 무리는 아니었다.

　유다교 신앙의 에너지는 어떤 의미에서 보면 이방인, 이민족에게 국토를 유린당한 그들의 고뇌로부터 생겨났다. 이방인을 의식하던 그들은 자신들의 긍지를 지키기 위해서라도 유다교의 하느님을 믿었다. 그들이 그리스도교로 개종한 것도 그리스도야말로 유다인의 고통을 이해하고 있다고 믿었기 때문일 것이다. 그 고통을 이방인은 알 수가 없다. 유다인들의 원한은 뿌리 깊은 것이었고, 그러한 생각에서 할례를 고집했다.

제2의 분열

나는 앞에서 바오로가 타파하고자 했던 할례 문제 같은 것이 유다인이 아닌 이들에게는 거리가 먼 이야기라고 썼다. 우리는 당시 유다인이 아니며, 유다인만이 하느님에게 선택된 민족이라는 선민의식도 없다. 또한 선택의 표지로 할례를 베푸는 전통도 없다.

그러나 이방인 문제에 관심을 갖지 않을 수는 없다. 아마도 내가 일본인 신자이며, 일본인과 그리스도교라는 주제를 탐구한 소설가이기 때문일 것이다. 일본인은 유다에서 생겨 서양이라는 풍토에서 단련된 그리스도교에 대해서는 이방인이다. 그래서 범신론적인 성향인 일본인은 일신론인 유다교나 그리스도교에 거리감을 느끼게 된다. 일본에 그리스도교가 처음 전해졌을 때, 서양인 선교사들이 일본 신자들에게 서양식 사고와 감각을 강요하는 과오를 범한 것도 사실이다. 물론 과오의 경위를 여기서 논할 필요는 없다. 다만 이런 환경에서 자란 일본인 신자가 예루살렘 교회에서 논의된 '이방인 문제'에 무관심하게 느끼지는 않을 거라는 이야기이다.

예수의 가르침은 유다인만을 위해서가 아니라 모든 이를 위해서 존재해야 한다는 것이 바오로의 신념이었다. 이에 대해 예루살렘 교회의 어떤 이들은 그리스도교도 유다교의 하느님을 믿는 이상, 이방인들이 유다인인 자신들에게 동화되어야 한다고 생각했다.

나는 이런 바오로의 신념이 한편으로는 장점과 약점을 모두 내포하고 있다고 본다. 물론 그리스도교가 한 민족의 종교에서 세계적인 종교로 뻗어 나가게 한 데에는 최초의 씨앗을 뿌린 바오로의 공헌이 크다. 하지만 이는 온전히 바오로만의 공은 아니다. 그 이전에 스테파노 사건으로 예루살렘에서 쫓겨난 흩어진 신자들, 즉 디아스포라의 노력도 있었다. 바오로와 동료들의 노력으로 예수와 그의 가르침은 국경과 민족을 초월하게 되었다. 그러나 그리스도교의 보편성을 주장할수록 이방인 고유의 전통과 감성, 사고방식을 무시하게 된다는 약점이 있었다. 일본의 그리스도교 역사에도 이런 16, 17세기 일본인의 관습과 전통적인 감정을 경시했던 모습에서도 이를 볼 수 있다.

하지만 목숨을 걸고 이방인 선교를 막는 두꺼운 벽을 타파했던 바오로 일행의 업적이 과소평가되는 것은 아니다. 예수의 가르침은 이들의 노고로 개방된 세계로 나아갔던 것이다. 이로써 이방인 문제는 '예루살렘 사도 회의'에서 일단 마무리되었다. 일시적이긴 하지만, 베드로와 야고보 같은 지도자들이 바오로의 의견에 동조한 것이 초기 그리스도교 공동체의 분열을 막았던 것이다. 그러나 반대파들이 바오로를 마음으로 받아들인 것은 아니었다. 불길은 사그라들었지만 그 불씨는 여전히 남아 있었다. 보수파들은 회의 중에 마지못해 침묵을 지키고 있었을 뿐, 자신들의 의견을 전면적으로 철회하지는 않았다.

예루살렘 사도 회의 이후로 추정되는 시기에 한 사건이 일어난다. 그러나 이 사건의 내용보다 더 중요하게 살펴봐야 하는 부분이 있다. 바로 이러한 상황에 처한 베드로가 지도자로서 어려운 입장에 놓인 모습이다. 그리고 나약한 베드로와 강한 바오로의 상반된 성격이 드러난다.

아그리파의 박해 사건 이후, 예루살렘 교회를 예수의 사촌인 야고보에게 맡기고 베드로는 선교 활동에 전념하기로 한다. 그래서 회의가 끝난 후, 예루살렘을 떠나 안티오키아에도 모습을 드러냈다. 베드로는 바오로나 바르나바를 중심으로 하는 이방인 도시에서의 선교 성과를 직접 시찰하고, 그곳의 신자들에게 예루살렘 교회의 권위를 보이고자 했다. 베드로는 스테파노 사건 이후에 흩어진 신자들의 업적에 호의를 가지고 있었으며, 이방인 문제에서도 바오로의 의견에 동조하는 입장이었다. 그는 바오로 일행의 열의에 공감하며 안티오키아에서 이방인 신자들과도 교제했다. 그리고 그들과 식사까지 하게 되었다. 유다교에서 함께 식사를 하는 것은 단순한 우호적인 행위 이상의 의미이다. 오늘날에도 파스카에 이스라엘을 방문해 보면 그들의 식사에 종교적 의미가 있음을 알 수 있다. 초기 그리스도교 공동체는 예수와 제자들이 함께한 최후의 만찬 때 기억을 간직하고 있었다. 따라서 초기 그리스도교에서도 식사를 한다는 것은 예수의 몸(빵), 예수의 피(포도주)를 함께 먹고 마신다는 종교적인 의미를 담고 있었다. 그래서 베드로가 이방인 신자들과 함께 식사를 했을 때 바오로뿐만 아니라 이방인 신자들도 크게 기뻐했을 것이다. 다시 말해, 예루살렘 교회의 대표자였던 베드로가 자신들과 식사하는 것을 '할례 받지 않은 이들'을 그들의 무리에 받아들인다는 의미로 생각했던 것이다.

베드로의 행동은 즉시 예루살렘 교회에 전해졌다. 예루살렘 교회의 보수파는 저마다 베드로를 비난하기 시작했다. '예루살렘 사도 회의'에서는 분명히 몇 가지 조건을 내세워 이방인을 신자로 받아들일 수 있도록 허락했다. 예루살렘의 보수파는 베드로의 처신을 비난하며, 바오로와 상관없이 예루살렘 교회의 방침을 고수하기 원했다. 보수파의 이러한 항의를 저지하기 힘들었던 지도자 야고보는 안티오키아에 있는 베드로에게 사람을 보내지 않을 수 없었다.

베드로는 자신의 행동이 예루살렘 교회에서 예상외로 파문을 일으키고 있음을 알게 되자 당황했다. 신학자 귄터 보른캄은 이에 대해 "예루살렘 교회에 속하는 선교 집단의 지도자인 베드로는 야고보가 보낸 사람들로 인해 바오로보다 훨씬 더 곤란한 입장에 처하게 되었다."라고 언급한다. 이때의 베드로는 분명히 매우 괴로웠으리라.

베드로는 그들의 경고를 받아들여 이방인들과 식사하는 것을 포기했다. 바오로의 동료였던 바르나바도 베드로에게 동조했다. 오늘날 교회는 베드로의 이러한 태도를 옹호하고 변호하지만 그의 나약함을 부정할 수는 없다. 이전에도 그는 스승과 함께 죽겠다고 했으면서도 닭이 울기 전에 세 번이나 예수를 모른다고 부인했다. 베드로의 나약한 성격이 이때 다시 나타났다고 할 수 있는 것이다. 바오로는 베드로의 이러한 처신에 격분했다. 바오로는 그의 우유부단성과 나약함을 이해하거나 받아들일 수 없었던 것이다.

"케파가 안티오키아에 왔을 때 나는 그를 정면으로 반대하였습니다. 그가 단죄받을 일을 하였기 때문입니다. …… 야고보가 보낸 사람들이 오기 전에는 다른 민족들과 함께 음식을 먹더니, 그들이 오자 할례 받은 자들을 두려워한 나머지 몸을 사리며 다른 민족들과 거리를 두기 시작하였던 것입니다. 나머지 유다인들도 그와 함께 위선을 저지르고, 바르나바까지도 그들과 함께 위선에 빠졌습니다."[1]라며 바오로는 베드로를 맹렬히 비난한다.

"나는 그들이 복음의 진리에 따라 올바른 길을 걷지 않는 것을 보고, 모든 사람 앞에서 케파에게 말하였습니다. '당신은 유다인이면서도 유다인으로 살지 않고 이민족처럼 살면서, 어떻게 이민족들에게는 유다인처럼 살라고 강요할 수가 있다는 말입니까?'"[2]

바오로에게 이방인과의 식사는 단순한 관습의 문제만은 아니었다. 그는 율법을 초월하는 것이야말로 복음이며 이것이 그리스도의 가르침이라 믿고 있었다. 그렇기 때문에 베드로가 우유부단할 뿐만 아니라, 자신이 생각하는 신앙을 배신한 위선자로 보였던 것이다. 바오로는 예루살렘 사도 회의에서 자신의 의견에 동조한 베드로조차 믿을 수 없게 되었다.

이렇게 우유부단한 태도를 보인 베드로가 안티오키아를 떠난 후, 바오로와 다시 만나 화해했다는 기록은 없다. 기록이 없다고 해서 두 사람이 결별하여 냉랭한 관계를 유지했다고 보는 것은 지나친 생각일 수 있다. 하지만 이 사건으로 인한 여파가 오래 지속되었다는 점은 분명하다. 이렇듯 분열 상태는 해결되지 않은 채 오랫동안 방치되었다. 예루살렘 교회의 보수파는 바오로의 그리스도교를 전혀 인정하지 않았고, 바오로도 자신의 그리스도교를 고집하여 그들과 타협하지 않았다. 뿐만 아니라 예수의 제자들은 바오로의 믿음을 인정하면서도, 바오로의 그리스도교를 믿는 신자들을 바로잡아 줄 필요마저 느꼈던 듯하다. 그 때문에 베드로와 바오로는 분열되어 각자 자신의 그리스도교를 선교하게 된다. 이 사실은 다음과 같은 바오로의 서간에서 엿볼 수 있다.

"그러나 하와가 뱀의 간계에 속아 넘어간 것처럼, 여러분도 생각이 미혹되어 그리스도를 향한 성실하고 순수한 마음을 저버리지 않을까 두렵습니다. 사실 어떤 사람이 와서 우리가 선포한 예수님과 다른 예수님을 선포하는데도……"[3]

"여러분을 불러 주신 분을 여러분이 그토록 빨리 버리고 다른 복음으로 돌아서다니 …… 여러분을 교란시켜 그리스도의 복음을 왜곡하

려는 자들이 있습니다."⁴

"내가 떠난 뒤에 사나운 이리들이 여러분 가운데로 들어가 양 떼를 해칠 것임을 나는 압니다. 바로 여러분 가운데에서도 진리를 왜곡하는 말을 하며 자기를 따르라고 제자들을 꾀어내는 사람들이 생겨날 것입니다."⁵

바오로의 말에 따르면, 자신의 그리스도관과는 '다른 예수'를 전파하는 사람이 있었다는 이야기이다. 당시 초기 그리스도교 공동체에는 바오로의 그리스도관과는 다른 그리스도관도 있었다. 그가 볼 때 이 그리스도관은 '변질된' 것이었다.

바오로와는 다른 그리스도관을 지녔던 사람들. 바오로는 이 서간에서 '어떤 사람'이라고 할 뿐, 구체적으로 그 이름을 언급하지 않는다. 그러나 보수적 입장을 취하던 예루살렘의 사도들을 가리킨다는 점은 분명하다. 적어도 바오로의 그리스도교와 예루살렘 교회의 그리스도교는 엇갈리는 점이 있었고, 안티오키아 사건 이후 표면에 드러난 듯하다.

이 사건과 앞서 인용한 바오로 서간의 내용은 당시의 초기 그리스도교에는 아직 확실히 통일된 교의나 그리스도론이 성립되어 있지 않았다는 사실을 보여 준다. 교회는 아직 공통된 신학을 갖고 있지 않았던 것이다. 분명히 예수는 죽은 후에 그를 믿는 이에게 '사람의 아들', '하느님의 아들', 그리고 '그리스도'로 떠받들여졌다. 하지만 그 이미지에는 여전히 차이점이 있었다.

여러 번 언급했듯이, '예수는 어떤 사람이었는가?'라는 문제를 두고 제자들은 그 충격적인 십자가형에서부터 다시 생각해 보아야 했다. 아무 잘못도 없이, 오로지 사랑 그 자체로 살았던 스승이 하느님에게 버림받고, 가장 굴욕적인 죽음을 당했던 이유는 무엇인가? 그들은 이 문제를 풀기 위해 필사적으로 매달렸다.

그들이 이 근본적인 수수께끼에 대해 얼마나 확고하고 일치된 답을 찾아냈는지는 알 수 없다. 다만 유다교의 사고방식 속에서 예언자들의 예언을 근거로 예수를 그리스도로 떠받들고, 재림을 믿었다는 점을 알 수 있을 뿐이다. 그들은 예수의 죽음을 영광스러운 재림을 위한 준비로 보았다. 그러나 그 상호 관계를 신학으로 명백하게 발전시키지는 못했다.

이에 대해 바오로는 제자들의 의문에 심오하고 명쾌한 신학적 해답을 제시했다. 왜냐하면 바오로 또한 예수의 처참한 죽음의 의미를 풀려고 했기 때문이다. 다만 제자들은 '생전의 예수'를, 바오로는 '그리스도'에 중점을 두었다. 바오로가 예수에 대해서도 깊은 관심을 가지고 있었다고 보는 학자도 있지만, 이를 뒷받침할 근거는 희박하다. 그가 예수의 생애에서 중점을 둔 것은 그의 죽음의 의미와 부활의 신비이다.

바오로의 마음속에는 율법에 대한 절망감이 자리했다. 그는 율법을 지키는 것은 자력으로 구원된다는 자신감이 있었다. 그러나 율법의 한계와 율법에 속박당하여 오히려 죄의 늪에 빠져 들어가는 인간의 속성을 잘 알고 있었다. 그러기에 인간은 자신을 구원할 수 없다고 자포자기하고 있었다. 인간은 자신의 구원을 위해 율법을 지키는데, 오히려 그로 인해 하느님에게서 멀어져 간다.

이때 바오로는 인간과 하느님 사이의 분리에 종지부를 찍은 것이 그리스도라고 생각했다. 그는 그리스도를 세상에 보낸 것이 하느님이고, 하느님은 인간과 화해하기 위해 그리스도를 세상에 태어나도록 했다고 주장했다. 또한 죄 없는 예수가 인간의 속죄를 위해 모든 죄를 짊어졌으며, 그의 죽음이 구원의 길을 열었다고 생각했다.

"여러분은 잘못을 저지르고 육의 할례를 받지 않아 죽었지만, 하느님께서는 여러분을 그분과 함께 다시 살리셨습니다. 그분께서는 우리의 모든 잘못을 용서해 주셨습니다. 우리에게 불리한 조항들을 담은 우리의 빚 문서를 지워 버리시고, 그것을 십자가에 못 박아 우리 가운데에서 없애 버리셨습니다."[6]

물론 이 책의 목적이 바오로의 희생과 희생 제물에 관한 신학은 아니다. 하지만 하느님과의 화해를 위해서는 그분의 아들인 예수의 죽음이 필요했고, 예수는 인간의 죄를 짊어지고 희생했다는 답을 초기 그리스도교에서 바오로만큼 명백히 내세운 사람은 없다.

예루살렘의 제자들도 마음속으로는 같은 생각이었는지 모르겠다. 하지만 아직 그 정도까지 대담하게 신학적인 주장을 펼치지는 못했을 것이다. 그런 의미에서 바오로는 제자들의 그리스도관을 한층 더 진전시키는 역할을 했다고 볼 수 있다.

인간의 죽음을 하느님에게 바쳐진 희생 또는 그 제물로 받아들이는 관념이 바오로만의 독창적인 것은 아니다. 유다교에서도 파스카에 양을 잡아 제단에 바침으로써 죄를 보상하고자 하는 의식이 있었고, 오늘날에도 계속되고 있다. 우리는 구약 성경 곳곳에서 희생 제물이나 희생에 관한 내용을 찾아볼 수 있다. 예를 들어, 열왕기 하권에는 모압 임금이 싸움에서 승리하기 위해 신들에게 자기 자식을 번제물로 바쳤다는 이야기가 있고, 창세기에는 동물을 하느님에게 바치는 아브라함의 이야기가 나온다. 그리고 레위기에는 봉헌물과 희생 제물로 바치는 동물에 관한 규정이 기록되어 있다. 이를 보면 당시 사람들은 희생 제물로 바치는 동물의 피가 '속죄'의 힘을 지녔다고 믿었음을 잘 알 수 있다.

유다인들은 오랜 기간 이러한 구약의 예언에 의지하며 살아왔다. 그러기에 희생 제물을 바치지 않는 제사는 없었다. 제물과 희생으로써 자신의 죄를 보상한다는 감각은 그들의 역사 가운데서 생생하게 이어지고 있었던 것이다. 바오로는 이러한 역사 감각 속에서 십자가에 처형된 예수의 죽음을 인간과 하느님의 화해를 위한 희생 제물로서 보았다. 바오로의 독자성은 기존 희생 제물의 의미와는 달랐다. 기존의 희생 제물은 하느님의 분노를 누그러뜨리기 위해 바치는 것이었다. 하지만 바오로는 하느님께서 인간의 죄를 용서하기 위해 아들인 그리스도를 세상에 보내어 모든 죄를 짊어지게 했다고 주장했다.

후에 그리스도교의 대표적인 신학으로 자리 잡는 이 '제물과 희생'

의 신비에서는 어쩐지 피비린내가 난다. 일본인의 종교에는 산 사람의 생명을 원하는 신은 거의 없다. 물론 일본인도 신에게 무언가를 봉헌한다. 하지만 이 봉헌에서 '희생 제물'이라는 요소가 본질적인 것은 아니다. 일본인은 마치 손님을 대접하듯이 신에게 첫 수확이나 음식을 바치는 민족이다. 자신의 모든 죄를 보상하기 위해 생명을 죽여 그 피로 용서를 구하는 봉헌 방식이 전혀 없던 것은 아니나, 본질적이고 정통은 아니었다.

⊂∈

바오로는 안티오키아 사건으로 베드로의 기회주의적인 모습을 보게 되었다. 그리고 더 이상 아무도 의지할 수 없음을 깨달았다. 이제는 홀로 이방인 선교에 나서야 했다. 그가 갑자기 이러한 자부심과 사명감을 지니게 된 것도 안티오키아 사건 이후라고 생각된다.

그리하여 그는 대대적인 선교 여행을 계획했다. 아마 이 시기의 바오로는 성도 예루살렘에 머물며 이방인과의 접촉을 삼가던 예루살렘 교회에 대항하여 자신의 신학과 신념에 기초한 세계적인 교회를 구상했으리라. 이에 대해 귄터 보른캄은 "원대한 꿈을 품고 세상 끝까지 복음을 전하려고 한 초기 그리스도교의 선교사는 바오로 외에는 없었다."라고 말했다.

바오로는 세상 끝까지 복음을 전하는 일에 많은 곤경과 어려움이 따른다는 것을 알고 있었다. 유다교의 유다인이나 타 종교의 신도들

외에도, 같은 그리스도를 믿지만 자신과 의견을 달리하는 이들 또한 선교 활동에 걸림돌이 될 것이다. 힘들고 위험한 여행이 될 거라는 점은 분명했다.

바오로는 신중하게 동반자를 선택했다. 그는 제1차 선교 여행 때의 동행자이자 오랜 동료였던 바르나바는 피했다. 이에 대해 사도행전은 바르나바가 제1차 선교 여행 때 자신의 조수인 마르코와 동행하려 했으나, 마르코를 달갑게 여기지 않던 바오로와 말다툼을 했다고 전한다. 하지만 아마도 다른 이유가 있었을 것이다. 바오로의 눈에는 베드로처럼 예루살렘 교회의 압력을 두려워하여 이방인을 멀리한 바르나바도 기회주의자로 비쳐졌을 것이다. 그래서 그를 제2차 선교 여행의 동반자로 선택할 수 없었다.

그는 실라스라는 이를 선택했다. 바오로는 유다인이었지만 로마 시민권을 가지고 있었는데, 실라스 또한 로마 시민권을 가지고 있었던 것이다.[7] 로마 시민권을 가지고 있다는 것은 많은 위험이 따르는 여행을 떠날 때에는 더 없이 유리하다. 그는 이 점도 충분히 고려해서 실라스를 선택했을 것이다.

안티오키아를 출발한 그들의 여정을 더듬는 것은 힘든 일이다. 우리는 소아시아에 대해 별로 아는 바가 없고, 또한 그들이 방문한 도시들이 오늘날 폐허 상태거나 그 이름조차 바꾸어 버렸기 때문이다.

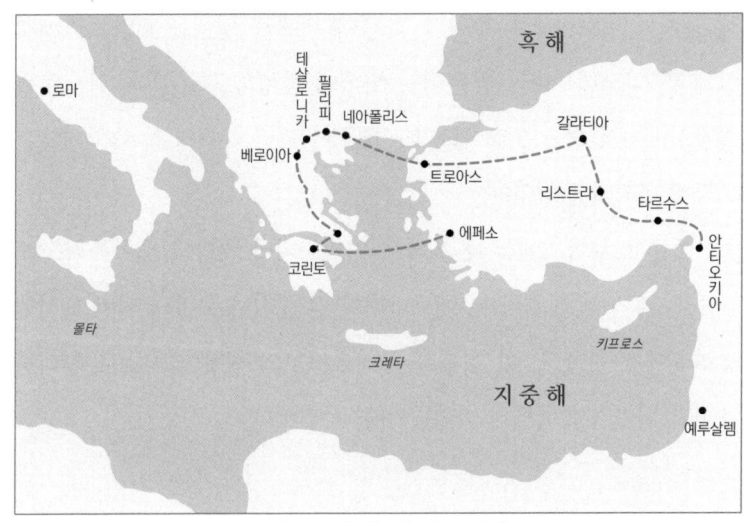

▲ 바오로의 제2차 선교 여행

오늘날의 터키를 경유한 그들은 지중해 연안의 길이 아니라 그 북부에 펼쳐진 아나톨리아 고원 서쪽으로 향했다. 첫 번째의 목적지는 당시 로마의 아시아 주 수도였던 에페소였다. 에페소는 오랜 시간 동안 그리스의 도시였다. 이 도시에 대해 알려진 것은 시인 호메로스가 살던 곳이고, 철학자 헤라클레이토스의 출생지라는 정도이다. 머지않아 이 도시는 로마의 지배하에 놓이게 되는데, 바오로가 살았던 시대에도 25만의 인구가 사는 소아시아 최대의 도시였다. 그들이 이 도시를 첫 번째 목표로 삼았던 것도 이러한 여건 때문이었다.

그러나 운이 없게도 에페소로 가는 길이 막혀 있다는 것을 알게 되었다. 그래서 리스트라에서 갈라티아(현재의 앙카라 부근)를 지나 에게

해 근처의 트로아스로 향한다. 도중에 바오로 일행은 리스트라에서 알게 된 티모테오라는 젊은이를 여행에 동행하도록 했다. 바오로는 갈라티아에서 병으로 앓아눕기도 했으나 그런 가운데 복음의 씨앗은 조금씩 뿌려지고 있었다.

그들은 트로아스에서 배를 타고 마케도니아 지방의 네아폴리스(오늘날의 카발라)에 상륙하여, 에그나티아 길을 지나 로마의 식민 도시인 필리피에 도착했다. 이 여행은 그리스도교의 씨앗이 최초로 뿌려진 계기가 되었기에 특별히 기억할 만한 사건이다.

⊂∽

필리피를 떠난 바오로 일행은 그리스로 향한다. 안티오키아를 기점으로 지중해에 접한 테살로니카(오늘날의 테살로니키), 베로이아, 그리고 아테네와 코린토를 잇는 커다란 반원 형태의 긴 여정이었다.

각오는 하고 있었지만 여행은 결코 순조롭지 않았다. 그들은 필리피에서 선동자로 몰려 붙잡혀 투옥되었으나 로마 시민권을 지니고 있어 풀려났다. 테살로니카나 베로이아에서는 유다교 회당에서의 설교로 격앙된 유다인들에게 폭행을 당할 뻔한 일도 있었다. 또한 유다인들이 시 당국자에게 바오로 일행이 로마 황제 외에 예수라 부르는 다른 왕을 전하며 황제의 법령을 어겼다고 고소하기도 하였다. 그들은 이로 인해 잠시 구금되었으나, 그 도시에서 알게 된 야손과 다른 이들이 보석금을 내 주어 풀려났다. 아마도 이러한 어려움이나 사건이 없었다면 바오로는 그리스로 남하하지 않고 계속 서쪽으로 향했을 것이다. 그가 로마를 포함하여 멀리 스페인까지도 목표로 하고 있었음을 서간에서 엿볼 수 있다.

"지금까지 좌절되기는 하였지만, 나는 여러분에게 가려고 여러 번 작정하였습니다. …… 로마에 있는 여러분에게도 복음을 전하는 것이 나의 소원입니다."[8]

"이 일을 마치고 …… 여러분에게 들렀다가 에스파냐로 떠나렵니다."[9]

그는 이렇게 유럽의 끝인 스페인까지 그리스도교를 전한다. 세계적인 교회를 만들기 위한 긴 선교 여행은 도처에서 주민들의 저항과 유다인들의 박해로 방해받기도 했다. 그러나 한편으로는 작지만 곧 발전하게 될 교회를 갈라티아, 필리피, 테살로니카에도 만드는 기회가 되었다.

바오로의 선교가 결실을 거의 거두지 못한 채 끝난 곳은 동행자와 헤어져 혼자서 방문한 아테네였다. 사도행전은 아테네 선교의 실패에 대해 사실 그대로를 생생히 전하고 있다. 사도행전에 따르면 바오로는 이제까지 그러했듯이 먼저 유다인들의 회당에 들어갔다. 유다인나 그곳을 찾아온 이방인들과 논쟁을 벌인다. 또한 광장(아고라)에 모인 에피쿠로스학파나 스토아학파 철학자들과도 토론을 벌였다. 이는 분명 흥미로운 광경이었다. 그것은 그리스 세계와 바오로의 이질적인 신학 논리가 처음으로 부딪친 장면이기 때문이다. 또한 범신론의 세계와 유일신론의 세계, 헬레니즘과 헤브라이즘이 격돌한 순간이다.

처음에 광장에 모인 그리스인들은 바오로가 하는 말을 거의 이해할 수 없었던 듯하다. 그리스인에게는 유다인이나 동방 민족과는 달리 메시아라는 관념이 없었다. 그들은 '부활(아나스타시스)'이라는 말을 이해할 수가 없었다. 그들은 이방 신을 선전하는 듯 보이는 이 기묘한 남자가 무슨 이야기를 하고자 하는지 알고 싶었다. 그래서 바오로를 판테온에서 가까운 아레오파고스 법정으로 데리고 갔다.

오늘날에도 아테네를 방문하면 이 법정을 볼 수 있다. 강한 햇살 속에 광장 남쪽에 위치한 이 유적지를 둘러보고 있자면 많은 그리스인들과 철학자, 법정 관리인에게 둘러싸여 필사적으로 연설하던 바오로의 음성이 들려오는 것 같은 착각에 사로잡히기도 한다. 이때 바오로가 한 연설은 사도행전에 전해진다. 이를 보면 그가 범신론적 세계에 사는 그리스인에게 어떻게 일신교인 그리스도교를 전할지 고심했음을 잘 알 수 있다. "하느님은 오히려 모든 이에게 생명과 숨과 모든 것을 주시는 분이십니다."[10]라는 그의 설교는 일신론에 근거한 것인지, 범신론을 근거로 한 표현인지 애매모호했다. 따라서 거기까지는 그의 말을 듣고 있던 그리스인들도 거부감을 갖지는 않았을 것이다. 그러나 그다음부터 범신론적인 사고방식에 일신론을 도입해야 했던 바오로는 그리스 시인의 말을 인용하여 두꺼운 벽을 부수려 했다. 그리고 그리스도와 부활에 대하여 말했다.

부활의 의미를 알게 되었을 때 법정에 모인 그리스인들은 쓴웃음을 짓고 조소를 했다. 개중에 예의 바른 어떤 이들은 "그 점에 관해서는 다음에 다시 듣겠소."[11]라며 자리를 떴다. 결국 바오로는 범신론적 세계라는 벽을 넘지 못했던 것이다. 사도행전은 "이렇게 하여 바오로는 그들이 모인 곳에서 나왔다."[12]라고 전하며, 당시 바오로의 참담한 심정을 있는 그대로 묘사한다.

일본인 신자인 나는 바오로가 선교 여행 중 아테네에서 겪은 실패를 보며 많은 생각에 사로잡힌다. 물론 이는 그리스인과는 다른 형태이긴 하다. 그러나 범신론적 세계에서 살아온 일본인은 이를 이해할 수 있다. 일신론을 주장한 바오로의 신학을 마음속에서 받아들이는 것이 얼마나 어려우며, 일신론을 받아들이기까지는 참으로 오랜 세월이 필요한지를 말이다. 그러기에 아테네에서 바오로가 겪은 이 일이 남의 일처럼 느껴지지 않는다.

아테네에서의 실패 후, 바오로는 코린토로 향했다. 그는 코린토에서 옛날의 자신처럼 천막 제조업을 하던 아퀼라라는 유다인과 만나게 되었다. 그는 아퀼라의 집을 거처로 하여 선교를 시작했다. 이전에 그랬듯이 유다인의 회당에서 모이는 사람들과 토론하는 방식을 취했다. 그러다 코린토에서도 유다인들의 분노를 사고 로마 총독 갈리오의 법정에 끌려갔다. 갈리오는 예수를 재판한 빌라도와 마찬가지로 유다인 내부의 문제라고 하여 이를 문제시하지 않았다.

바오로는 이러한 박해를 받으면서도 1년 반이나 코린토에 머문다. 코린토에서의 선교가 제법 성과를 거둔 것은, 아테네에서처럼 지식

계층을 상대로 하지 않고 빈곤층을 대상으로 했기 때문인 것이다. 바오로는 나중에 자신이 개종시킨 코린토 신자들 가운데는 남창, 남색가, 도둑, 술주정뱅이가 있었음을 솔직히 인정한다. 예수가 멸시받는 사람들을 늘 가까이 했듯이 바오로 또한 이 거리에서 불행한 처지에 있는 사람들을 찾아다닌 듯하다.

코린토 선교에서 관심을 끄는 것은 바오로가 이 상업 도시를 떠난 후, 코린토 교회 내부에 이미 분열과 파벌 분쟁이 일어나고 있었다는 점이다. 내부 분열은 바오로를 못마땅하게 여기며 그의 견해를 비판하는 초기 그리스도교의 설교자가 코린토에 모습을 드러내면서 벌어졌다. 이 점은 바오로의 신학이 당시 그리스도교 가운데서 지지를 받기는커녕 오히려 반발을 사고 있었다는 사실을 명백히 드러낸다.

예를 들어 바오로가 코린토를 떠난 후, 이집트의 알렉산드리아 출신인 아폴로라는 설교자가 코린토에 모습을 드러냈다. 그는 달변가에 성경에 정통했다.[13] 아폴로는 즉시 코린토 교회의 신자들을 매료시켰다. 아폴로가 바오로와는 달리 어떤 그리스도론을 지니고 있었는지는 알 수 없다. 사도행전을 통해서 추측해 보면, 그는 요한 세례자의 공동체에 있다가 그리스도교로 개종한 듯하다. 어쨌든 아폴로의 뛰어난 설교는 '아폴로 파'라는 파벌을 만들기에 이르렀다.

그보다 더욱 적극적으로 바오로의 설교를 비판한 설교자들도 있었다. 그들은 예루살렘 교회에서 추천을 받은 설교자들로서 자신들을 '케파 편'이라고 불렀다. 이들의 설교 내용은 바오로의 설교와 본질적으로 같았으나, 바오로가 생전의 예수를 모르고, 예수에게 사도로서 훈련을 받지 않았다고 비판했다. 결국 바오로에게는 복음을 전할 자격과 권리도 없고, 그러므로 사도로 인정할 수 없다고 주장했던 것이다. 바오로는 후에 이러한 비난에 반박한다. "나는 결코 그 특출하다는 사도들보다 떨어진다고는 생각하지 않습니다. 내가 비록 말은 서툴러도 지식은 그렇지 않습니다."[14] 이는 예루살렘의 사도들이 자신보다 신학적 지식이 없다는 것을 비꼬는 것으로 보인다. 예루살렘 교회는 바오로에게 사도로서 자격이 없다고 비난하고, 바오로는 사도들이 신학적 지식이 없다고 비판했다. 인간적인 나약함과 질투심에 사로잡혀 다툰 그들의 이런 모습을 보면 우리와 같은 인간임을 깨닫게 된다.

더불어 초기 그리스도교가 아직 일치된 그리스도관이나 교의가 없는 상태에서 각 파로 분열되어 각각 자신들의 그리스도교를 주장하고 있었음을 알 수 있다. 결국 예수가 그리스도가 되어 가는 과정 안에서 여러 혼란스러운 시기를 거치게 되고, 그 가운데 파벌 싸움이 일어나게 된다. 그러나 성자들의 인간적인 다툼과 교의의 불일치라는 상황에서도 그리스도교는 중근동에서부터 소아시아와 그리스, 그리고 소아시아와 그리스에서부터 로마를 향하여 퍼져 갔다.

모든 길은
로마로 향한다

바오로는 코린토에서 약 18개월 동안 머물렀다. 이때 그의 여정을 사실 그대로 더듬어 보기란 어렵다. 사도행전도 흔히 그러하듯 이 여정에 대해서도 모든 것을 정확하게 전해 주지는 않는다.

바오로는 52년부터 55년까지 로마 제국 아시아 주의 수도인 에페소에서 약 2년 반 정도 머물렀던 것으로 보인다. 그리고 예루살렘 교회에 보낼 헌금을 모으기 위해 마케도니아와 아카이아를 차례로 방문한 후, 성도 예루살렘으로 향했을 것이다.

거의 7년에 가까운 이 긴 여행은 코린토를 떠난 후에도 결코 편하지 않았다. 가는 곳마다 이방인들의 조소, 유다인들의 박해, 그리고 같은 그리스도인의 시샘이나 방해가 따랐다. 그뿐만 아니라 때로는 감옥에 갇히고, 채찍질을 당하고, 죽음의 공포마저 맛보아야 했다. 바오로는 이 점에 대해 술회하며, 자신은 예루살렘 교회에서 파견된 어떤 선교사보다도 힘든 일들을 당했다고 고백한다.

"나는 수고도 더 많이 하였고 옥살이도 더 많이 하였으며, 매질도 더 지독하게 당하였고 죽을 고비도 자주 넘겼습니다. 마흔에서 하나를 뺀 매를 유다인들에게 다섯 차례나 맞았습니다. 그리고 채찍으로 맞은 것이 세 번, 돌질을 당한 것이 한 번, 파선을 당한 것이 세 번입니다. 밤낮 하루를 꼬박 깊은 바다에서 떠다니기도 하였습니다. 자주 여행하는 동안에 늘 강물의 위험, 강도의 위험, 동족에게서 오는 위험, 이민족에게서 오는 위험, 고을에서 겪는 위험, 광야에서 겪는 위험, 바다에서 겪는 위험, 거짓 형제들 사이에서 겪는 위험이 뒤따랐습니다. 수고와 고생, 잦은 밤샘, 굶주림과 목마름, 잦은 결식, 추위와 헐벗음에 시달렸습니다."[1]

자신이 받은 박해와 어려움을 하나하나 자랑스러운 듯이 열거하는 이 내용에서는 바오로의 성격이 잘 나타나 있다. 그는 이러한 고백을 할 정도로 대단한 자존심과 투쟁심을 지녔던 것이다. 그만큼 신념과 신앙도 강했다. 이런 성격 때문에 바르나바와 헤어지고 베드로와 다투었기도 했으나, 반대로 7년간에 걸친 힘든 선교 여행도 해낼 수 있는 원동력이 되기도 했다. 어쩌면 그의 이러한 성격 때문에 상처받은 선의의 사람들도 많지 않았을까 싶다.

그는 코린토를 떠난 후 에페소로 건너갔다. 에페소는 그리스 시대에 세워진 오래된 도시이다. 거기에는 그리스의 여신인 아르테미스(로마식으로 표현하면 디아나)를 모신 화려한 신전이 있었고, 시민들은 아르테미스 여신상을 예배하며 섬기고 있었다. 그리스인들뿐만 아니라 주변의 민족 가운데서도 이 여신을 참배하기 위해 찾아온 순례자들도 많았다. 순례자들은 작은 신전과 사자 모형을 구입하여 여신에게 바쳤다.

에페소에서 그리스도의 복음과 부활을 전하던 바오로는 이 신전을 숭배하던 시민들에게 미움을 샀다. 사도행전에 따르면 박해는 종교적 대립 때문이라기보다는 신전의 은장이들이 바오로의 설교로 자신들이 만든 신앙 모형이 팔리지 않을까봐 염려한 데에서 비롯되었다. 데메트리오스라는 장인이 동료들을 선동하였다. 흥분한 그들은 먼저 바오로의 동행인 두 명을 붙잡아 시내의 대극장에서 항의 집회를 열었는데, 거기에 군중이 가세하며 소동이 벌어졌던 것이다.

이 소동으로 에페소는 혼란에 빠졌다. 2천 5백 명을 수용하는 대극장은 성난 군중의 목소리로 진동했다.

"에페소인들의 아르테미스는 위대하시다!"[2]

그들의 분노는 바오로나 그의 제자들뿐 아니라 여신을 믿지 않는 유다인들에게까지 영향을 미쳤다. 스승의 안전을 걱정한 제자들과 몇몇 아시아 지방 장관들도 바오로를 붙들고 극장 안으로 들어가지 못하게 했다. 두 시간 동안 계속된 이 소동은 시 서기관의 노력으로 간신히 진정되었다. 이날부터 바오로 일행에 대한 에페소 시민의 압력은 점점 더 심해졌다. 위험을 느낀 유다인들은 바오로가 자신들의 회당에서 설교하는 것을 거부했다.

사도행전은 이 사건만 언급한다. 하지만 바오로 서간에 따르면 에페소에 머물던 바오로 일행에게 한층 더 심한 박해가 가해졌음을 알 수 있다. "옥살이도 더 많이 하였으며, 매질도 더 지독하게 당하였고 죽을 고비도 자주 넘겼습니다."[3]라는 말로 시작되는 그의 술회를 에페소 선교 때의 사건으로 보는 견해도 있다.

이렇게 그는 유다인에게 채찍질을 당하기도 했으며, 로마 병사의 감시 하에 투옥되기도 했고[4], 같은 그리스도인이지만 그에 반대하는 '거짓 형제'에게 박해를 받았다. 하지만 강한 성품의 바오로는 굴하지 않았다. "형제 여러분, 우리가 아시아에서 겪은 환난을 여러분도 알기를 바랍니다. 우리는 너무나 힘겹게 짓눌린 나머지 살아날 가망도 없다고 여겼습니다. 사실 우리는 이미 사형 선고를 받은 몸이라고 느꼈습니다. 그러나 그것은 우리가 자신을 신뢰하지 않고, 죽은 이들을 일으키시는 하느님을 신뢰하게 하시려는 것이었습니다."[5]

바오로와 제자들은 박해를 받으면 받을수록 예수의 죽음과 부활을 생각했다. 이는 바오로가 예수의 생애에서 가장 중요하게 여겼던 문제였다. 그들의 신념은 박해를 받을수록 더욱 불타올랐다. 또한 바오로의 신학은 이 투쟁과 고통, 외부의 압박 속에서 서서히 형태를 갖추게 되었다. 억압에 굴하지 않고 선교에 전념한 바오로의 강인함으로 에페소를 중심으로 하는 로마 제국의 아시아 주와 에게 해 지역에는 조금씩 신자가 늘었다. 그리고 마침내 교회가 생기게 되었다.

바오로의 강인함은 여기에서 그치지 않는다. 그는 자신이 의도하고 꿈 꾼 것은 어떤 일이 있어도 이루었다. 이전에도 스테파노 사건으로 예루살렘에서 쫓겨난 그리스도인을 끝까지 추적했던 열성과 집요함이 선교 활동에서도 잘 드러난다. 바오로는 소아시아에서의 성과만으로 만족하지 않았다.

그의 꿈은 세계 끝까지, 로마에서 스페인에 이르기까지 신앙을 전하는 것이었다. 또한 그는 유럽 절반을 지배하던 로마 제국에 겨루어 하느님 나라의 판도를 넓히려고 했던 야심가였다.

⌒

바오로가 에페소에서 고군분투했던 51년부터 55년 사이, 로마에서는 아우구스투스 황제의 손자인 네로가 반대파를 꺾고 54년에 즉위했다. 이 시기 로마에도 많지는 않으나 그리스도인들이 있었다. 이곳에 언제 어떻게 해서 신자들이 생겼는지는 알 수 없다. 그 가운데는 스테파노 사건 때 로마로 피했던 흩어진 신자가 있었을 수도 있다. 또한 안티오키아나 바오로가 선교한 소아시아, 혹은 그리스의 도시에서 옮겨 온 신자들이 섞여 있었을지도 모른다. 바오로의 방침은 원칙적으로 아직 신자나 교회가 없는 미개척지에서 선교하는 것이었다. 그럼에도 로마에서의 선교를 생각했던 것은 이 도시가 로마 제국의 수도였기 때문만이 아니라, 그가 꿈꾸는 하느님 나라의 중심지가 될 것으로 생각했기 때문이다. 바오로는 로마 신자들에게 다음과 같은 편지를 썼다.

"그러나 이제 이 지역에는 더 이상 내가 일할 곳이 없고, 또 나는 여러 해 전부터 여러분에게 가고 싶은 소망을 품어 왔습니다. 그래서 내가 에스파냐로 갈 때 지나는 길에 여러분을 보고, 먼저 얼마 동안 여러분과 기쁨을 나누고 나서 여러분의 도움을 받아 그곳으로 가게 되기를 바랍니다. 그러나 지금은 예루살렘으로 성도들에게 봉사하러 떠납니다. 마케도니아와 아카이아 신자들이 예루살렘에 있는 성도들 가운데 가난한 이들에게 자기들의 것을 나누어 주기로 결정하였기 때문입니다."[6]

이 편지에 쓰여 있듯이 바오로는 로마를 떠나기 전에 성도 예루살렘을 다시 방문하기로 마음먹고 있었다. 사도행전에 따르면, 이 방문의 목적은 예루살렘에 있는 제자들에게 보낼 헌금을 전하는 것이었다. 하지만 본심은 다른 데 있었다.

그는 예루살렘의 제자들이 자신을 좋게 여기지 않고, 그 가운데는 할례를 받지 않은 이방인을 공동체에 받아들이는 것을 문제 삼아 자신을 사도로 간주하지 않는 이들이 있다는 것도 잘 알고 있었다. 특히 코린토에서는 예루살렘에서 파견된 이들이 바오로의 그리스도교가 그릇된 사상이며, 자신에게는 예수의 제자들과 같은 사도로서 자격이 없다고 주장한다는 것도 알았다. 자신의 그리스도교와 그리스도관에 대해 강한 신념을 지녔던 바오로는 이 '거짓 형제'와 다투기는 했지만 예루살렘의 제자들 무리에서 이탈할 마음은 없었다. 코린토에서처럼 내부의 분쟁을 반복하면 장차 선교 활동에 지장을 초래할 것이라고 생각했기 때문이다. 그래서 가능한 한 제자들과 자신의 공동체 간에 근본적인 일치점을 찾고 화해하는 것이 바람직하다고 생각했다. 바오로는 로마로 떠나기 전에 화해와 일치를 회복하고자 했던 것이다.

그러나 그의 제안을 예루살렘의 제자들이 받아들일까? 이 점에 대해 바오로와 동료들은 불안을 느꼈다. 동료들은 오히려 바오로에게 예루살렘에 가지 말라고 계속 충고했다.[7] 그들은 율법을 경시하는 바오로가 예루살렘에서 보수파인 그리스도인이나 유다인들의 분노를 사지 않을까 걱정했던 것이다.[8] 바오로 자신도 이 불안을 숨기지 않는다. 그는 로마 신자들에게 보낸 서간에 다음과 같이 쓰고 있다.

"내가 유다의 순종하지 않는 자들에게서 구출되고 예루살렘을 위한 나의 구제 활동이 성도들에게 기꺼이 받아들여지도록, 내가 하느님의 뜻에 따라 기쁜 마음으로 여러분에게 가서 여러분과 함께 쉴 수 있도록, 그렇게 해 주십시오."[9]

56년 봄, 바오로와 동료들은 예루살렘을 향해 출발했다. 그들은 에페소에서 남하하여 로도스를 지나 파타라로 갔다. 그곳에서 배를 타고 키프로스 섬 근처를 지나 카이사리아로 향했다. 카이사리아에서는 이전에 스테파노의 동료이자 이방인 선교에 힘을 쏟고 있던 필리포스의 집에서 묵었다.

그들은 카이사리아에서 육로로 예루살렘에 도착한다. 그리고 다음 날 사도들의 지도자인 야고보를 방문하여 가지고 간 헌금을 바쳤다. 이때 사도행전에 베드로의 이름이 언급되지 않는 것은 그가 예루살렘을 떠나 독자적으로 선교 여행을 하고 있었음을 의미한다.

바오로 일행이 걱정했듯이 야고보는 헌금을 즉시 받지는 않았다. 그는 바오로의 헌금을 받아서 생길지도 모르는 위험과, 그를 반대하는 이들이 비난할 것임을 알고 있었다. 그 정도로 예루살렘의 그리스도인들이 바오로에 대해 가진 불만과 분노가 컸던 것이다. 야고보는 바오로에게 솔직하게 경고했다.

"보시다시피 유다인들 가운데에서 신자가 된 이들이 수만 명이나 되는데, 그들은 모두 율법을 열성으로 지키는 사람들입니다. 그런데 당신이 다른 민족들 가운데에서 사는 모든 유다인에게 모세를 배신하라고 가르치면서 자식들에게 할례를 베풀지도 말고 우리 관습을 따르지도 말라고 한다는 이야기를 그들이 들었습니다. 그러니 어떻게 하면 좋겠습니까? 그들도 당신이 왔다는 것을 틀림없이 듣게 될 것입니다."[10]

야고보는 자신들이 헌금을 접수하기 위한 해결책은 하나밖에 없다고 했다. 해결책이란 바오로가 유다교의 관습을 따르고 있음을 모두에게 보이는 것이었다. 때마침 예루살렘 성전에서 서원자 네 명의 정결 예식이 있을 예정이니, 그 예식의 비용을 대는 것이 좋겠다고 권했다. 오늘날 우리로서는 이해하기 힘들지만 이 관습은 유다인의 성전 봉사의 하나이다. 유다교에는 신도가 일정 기간 동안 하느님을 위하여 고행(포도주를 마시지 않거나 머리를 자르지 않는 등)을 한 후에 성전에서 어린양을 바치는데, 이 비용을 다른 이가 지불하는 관습이 있다.

바오로는 야고보의 제안을 받아들였다. 이 정도의 타협안이라면 자신의 신념이 손상되지 않는다고 생각했기 때문이다. 바오로는 야고보가 조직의 지도자로서 어려운 입장에 놓여 있다는 것도 이해하고 있었다. 예루살렘 방문의 첫 번째 목적은 제자들과 화해하는 것이었다. 그는 강한 신념의 소유자이기도 했지만, 목적을 이루기 위해서는 유연한 태도를 취할 만큼 정치적인 기질도 발휘할 줄 알았다.

"유다인들을 얻으려고 유다인들에게는 유다인처럼 되었습니다. 율법 아래 있는 이들을 얻으려고, 율법 아래 있는 이들에게는 율법 아래 있지 않으면서도 율법 아래 있는 사람처럼 되었습니다. …… 법 밖에 있는 이들을 얻으려고 율법 밖에 있는 이들에게는 율법 밖에 있는 사람처럼 되었습니다. …… 약한 이들을 얻으려고 약한 이들에게는 약한 사람처럼 되었습니다. 나는 어떻게 해서든지 몇 사람이라도 구원하려고, 모든 이에게 모든 것이 되었습니다."[11]

이렇게 해서 바오로는 야고보의 권고에 따라서 다음 날부터 고행서원자 네 명과 함께 매일 예루살렘 성전에 드나들었다. 바오로로서는 오랜만의 성전 참배였다. 그는 성전을 참배하는 것이 믿음을 저버린 행위라고 생각하지는 않았다. 그가 믿는 그리스도도 생전에 이 성전을 여러 번 참배했다. 예수는 유다인의 율법을 중요시하지 않았을 뿐, 유다교의 하느님을 무시한 것이 아니었다. 당시 바오로가 성전을 드나들며 자신의 운명을 예감하고 있었는지는 알 수 없다. 더불어 야고보가 이윽고 벌어질 사건을 예감하고 성전 참배를 권한 것인지도 알기 어렵다.

바오로가 비용을 댄 신자 네 명의 고행이 끝날 무렵, 문제의 사건이 일어났다. 한 남자가 성전을 참배하는 수많은 사람들 사이에 섞여 있던 바오로를 본 것이다. 그는 군중에게 외쳤다.

"이자는 어디에서건 누구에게나 우리 백성과 율법과 이 성전을 거슬러 가르치는 사람입니다. 더군다나 그리스인들까지 성전 안으로 데리고 들어와서 이 거룩한 곳을 부정하게 만들었습니다."[12]

사도행전에 따르면, 이 남자는 예루살렘에 사는 사람이 아니라 에페소에서 선교하던 바오로의 설교를 들은 유다인 중 한 사람이었을 거라고 한다. 그는 전날 예루살렘 시내에서 바오로가 에페소에서 데리고 온 트로피모스라는 동료와 걷고 있는 것을 보았다. 그래서 고행 서원자 네 명 중 한 사람을 트로피모스로 착각한 것이다.

신성한 성전 안뜰에 할례 받지 않은 이교도를 데리고 들어가는 것은 금지 사항이었다. 이교도의 출입이 허락된 곳은 성전 바깥뜰까지이고, 안뜰에는 출입할 수 없다는 표지가 붙어 있었다. 이 출입 금지 표지는 오늘날 터키 국립 박물관에서 볼 수 있다. 순례자들은 격앙했다. 소동은 성전에서 예루살렘 시내로 퍼져갔고, 군중은 성전에서 바오로를 끌어내어 죽이려고 했다. 이 사태로 인하여 성전의 문은 닫히고, 소동이 일어났다는 이야기를 전해 들은 예루살렘 주둔 로마 병사들이 달려왔다. 로마 병사들의 제지로 유다인들은 폭행을 멈췄다. 그러나 폭동은 쉽사리 가라앉지 않았다.

천인대장은 피투성이가 된 바오로를 데리고 우선 자신들의 병영으로 철수했는데, 격앙된 군중이 병영을 에워싸기 시작했다. 그 사이에 야고보 일행이 무엇을 하고 있었는지는 알 수 없다. 이 점에 대해 사도행전은 침묵을 지킬 뿐, 야고보 일행이 바오로를 구출하기 위해 손을 썼다는 기록도 없다. 스테파노 사건 때와 마찬가지로 그들은 이번에도 피신했던 것이다. 정치적으로 무력하고 의회의 의원이나 대사제에게 호의를 얻지 못하고 있었기에 동료가 붙잡혀도 손을 쓸 수가 없었던 것일까?

사도행전에는 그 후에 바오로가 격앙한 군중에게 자신의 신앙을 토로하는 장면이나 의회에 끌려가 대사제 한나스 앞에서 당당하게 연설하는 장면이 기록되어 있다. 하지만 이 기록은 사실이 아니라 사도행전의 저자가 바오로의 수난을 예수의 재판과 오버랩한 창작이리라.

한편 바오로가 로마 시민권을 가지고 있다는 것을 안 천인대장은 곤혹스러워 했다. 그는 이 사건을 자신의 권한 밖의 문제라고 해서 바오로를 로마 총독이 머무는 카이사리아로 보냈다. 카이사리아의 안토니우스 펠릭스 총독 또한 26년 전에 예수를 재판한 전임자 빌라도와 마찬가지로 우유부단하게 굴며 사건을 처리하기를 꺼렸다. 바오로를 무죄 석방하면 유다인들에게 원한을 사게 될까 두려워하면서도, 로마 시민권을 가진 이를 함부로 처벌할 수 없는 곤란한 처지였던 것이다.

이렇게 해서 바오로는 카이사리아에서 연금 상태로 2년을 지냈다. 옥중에 있었지만 면회도 자유롭게 할 수 있었고, 신자들로부터의 물품 차입도 자유로운 상태였던 듯하다.[13]

바오로는 이 예기치 못한 사건으로 인해 발이 묶이게 되었다. 하지만 로마로 가고자 했던 신념은 결코 저버리지 않았다. 그는 불굴의 신념에 불탔다. 그리고 2년 동안 묵묵히 기다리고 있었다. 마침내 기회가 찾아왔다.

유다 주의 로마 총독인 펠릭스의 후임으로 보르기오 펠릭스가 부임했다. 유다인들은 신임 총독에게 바오로를 예루살렘으로 돌려보내 재판하도록 요구했다. 바오로는 그 기회를 이용했다. 예루살렘이 아니라 로마에서 황제에게 재판을 받겠다고 상고했던 것이다. 펠릭스 총독은 이 상고를 받아들였다. 그 또한 처치 곤란한 존재인 바오로를 책임지고 싶지 않았던 것이다.

앞에서도 언급했듯이 바오로의 수난에 대한 사도행전의 내용은 사실 그대로가 아니다. 그러나 바오로가 많은 박해를 받으면서도 자신의 목적을 이루기 위해서 결코 꺾이지 않았다는 점은 분명하다. 공교롭게도 그는 자신을 적대시한 유다인들로 말미암아 로마에 가게 되었던 것이다.

이렇게 해서 미결수인 바오로는 다른 죄수들과 함께 율리우스라는 친위대 백인대장의 인솔 하에 배를 타게 되었다. 그런데 가을부터 겨울 사이에 빈번하게 발생하는 '에우라킬론'이라는 폭풍을 만나, 몰타 섬 근처의 해상에서 배가 난파되는 바람에 그 섬에 상륙했다. 사도행전에 따르면 바오로 일행은 거기서 3개월을 지내다가 다시 배를 타고 푸테올리라는 도시에 도착하여, 거기서부터 육로를 거쳐 로마로 향했다고 한다.

사도행전은 바오로의 로마행을 끝으로 마무리된다. 바오로가 박해받고 고통 중에 있을 당시 제자들의 상황에 대해서는 전혀 언급하지 않는다. 이는 유감스러운 일이다. 성전에서 소동이 일어나고 바오로가 군중에게 폭행을 당할 위험에 처한 때에도 제자들이 아무 조처도 취하지 않았다는 점은 앞에서 이미 언급하였다. 그들은 아마 바오로가 카이사리아로 보내질 때 도리어 안도감을 느꼈을 것이다. 그들 역시 바오로의 믿음과 신념은 인정하고 있었다. 하지만 겨우 꼴을 갖추기 시작한 공동체 조직에 혼란을 초래하는 이 남자는 골칫거리였을 것이다. 그런 가운데 베드로와 요한만이 바오로에게 친근감을 느꼈고, 예수의 사촌인 야고보는 바오로의 노력과 선교의 공적은 인정하면서도 율법을 무시하는 태도에 위화감을 느끼고 있었을 것이다.

오해를 피하기 위해 말해 두지만, 바오로와 예수의 제자들은 예수를 하느님의 아들로서 믿는다는 점에서는 일치했다. 그러나 신격화한 예수를 어떤 형태로 믿는지에 대해서는 견해를 달리했던 것이다. 제자들에게 그리스도는 머지않아 세상 종말에 재림하여 이스라엘과 자신들을 구해 줄 그리스도였다. 바오로의 그리스도는 율법이라는 자력 구원의 한계를 초월하여 인간에게 구원을 선사하는 존재였다. 하느님과 인간의 벌어진 틈을 메우기 위해 세상에 보내졌고, 인간의 모든 죄를 짊어지고 희생한 하느님의 아들이었다. 이 두 개의 그리스도관은 서로 얽히고설켜 그리스도교 안에서 뿌리를 내린다. 오늘날 복음서에서 제자들의 그리스도관, 바오로의 그리스도관이 발견되는 것도 이런 이유에서다.

그렇지만 예수 사후 불과 20여 년 사이에 도처로 전파된 그리스도교 선교에서 바오로와 '그리스계 유다인 신자'의 역할은 주목할 만하다. 앞의 내용을 정리한다면 우선 그리스도교는 스테파노 사건으로 예루살렘에서 쫓겨난 '그리스계 유다인 신자'들이 씨앗을 뿌렸다. 이 시기에 그들은 이방인이 아니라 같은 유다인을 대상으로 선교 활동을 했다. 이때 박해자였던 바오로가 개종한 뒤, 마치 타오르는 불길처럼 독자적인 선교 활동을 벌였다. 그는 동포인 유다인뿐만 아니라 이방인 또한 복음 선포에 참여할 자격이 있다는 신념이 있었다. 그래서 자발적으로 이방인들 속에 뛰어들었다. 그리고 예루살렘에서 제자들이 이끄는 교회는 두 가지 선교 형태 사이에서 때로는 동요하고 주저하며 조직과 권위를 유지해 갔다.

그리스도교가 팔레스티나라는 작은 나라로부터 국경과 민족을 초월하여 퍼진 데에는 몇 가지 외적인 이유가 있다. 첫 번째는 당시의 국가들이 로마라는 거대 제국 치하에서 질서와 평온을 유지하고 있었다는 점이다. 당시는 '모든 길은 로마로 통한다.'는 말처럼 로마를 중심으로 하여 여러 인종이 교류했고, 교통로와 상업이 연설되어 있었다. 그래서 문화나 종교의 교류도 수월했다. 그렇기에 그리스도교도 이러한 점을 충분히 활용할 수 있었던 것이다. 또한 로마 제국 내 거의 모든 도시에는 유다인들이 살고 있었다. 그들은 엄격한 유다인으로 살고 있었기에 그리스도교 선교사들도 이들에게 복음을 전할 수 있었던 것이다. 이런 이유로 그리스도교 선교사들은 때때로 유다인으로부터 압박을 받기도 했다. 하지만 대부분의 유다인은 바오로처럼 할례나 유다교를 경시하는 발언을 하지 않는다면 비교적 관대하게 대했다.

여러 요인 중에서도 바오로의 공적이 특히 컸다. 먼저 바오로는 예수의 직제자들이 품고 있던 과제였던 '예수는 왜 그러한 죽음을 당했는가?'에 대해 독자적이고 명확한 답을 제시했다. 바오로 신학에 있는 그리스도의 희생과 속죄라는 신비는 그만의 독창적인 것은 아니다. 이는 예수의 직제자들에게도 이미 있었다. 동방 밀의 종교의 영향을 받았다는 학자들도 많지만, 반대로 이야기하면 바오로의 신학이 이방인들에게도 설득력이 있었다는 이야기가 된다. 바오로의 선교가 소아시아 각 지역에서 성공을 거두었다면 이는 그 지역 종교 의식에 호소하는 무언가가 바오로의 신학 안에 있었기 때문이다. 이 점은 절대 불명예스러운 것이 아니었다. 이는 오히려 그리스도교가 모든 민족과 종교 의식을 내포하는 보편성을 지니고 있음을 증명했다.

바오로는 로마에서 황제의 재판을 받기 위해 카이사리아를 출발했고, 드디어 58년에 꿈꾸던 로마에 도착한다. 성경에 따르면 58년경 로마에는 소수의 그리스도인들이 있었다. 예를 들어, 바오로는 코린토 선교에서 유다인 폭동 사건으로 로마에서 도망쳐 온 그리스도인인 아퀼라와 그의 부인 프리스킬라를 만난다.[14] 또한 바오로 자신의 서간 가운데도 로마에 있는 안드로니코스와 유니아라는 부부를 두고 "나보다 먼저 그리스도를 믿은 사람들입니다."[15]라고 말한 기록이 있다.

이 신자들은 말할 필요 없이 스테파노 사건 전에 유다교에서 개종한 이들이었다. 스테파노 사건을 계기로 예루살렘에서 로마로 이주한 '그리스계 유다인 신자'들이었으리라. 그들이 로마에서 활동한 덕분에 차츰 신자가 늘어나 작지만 교회가 생겼을 것이다.

사도행전에 따르면 바오로가 푸테올리에서 육로를 통해 로마에 들어갔을 때, 로마 신자들은 그를 아피아 가도의 아피우스 광장과 트레스 타베르내에서 성대하게 맞았다고 한다. 또한 병사의 감시를 받기는 했으나 혼자 지내며 신자들을 만날 수 있도록 허락받았다. 바오로는 유다인들에게 복음을 전하며 로마에서 지냈다고 전해진다. "바오로는 자기의 셋집에서 만 이 년 동안 지내며, 자기를 찾아오는 모든 사람을 맞아들였다. 그는 아무 방해도 받지 않고 아주 담대히 하느님의 나라를 선포하며 주 예수 그리스도에 관하여 가르쳤다."[16]

이 대목을 보면, 바오로는 비록 미결수이나 이전까지 박해와 압력에 맞서 싸워 온 과거의 모습과는 달리 훌륭하게 선교 활동을 한 것으로 묘사되어 있다. 과연 그러했을까?

이러한 의문을 갖게 되는 것은 오늘날 많은 학자들이 바오로가 로마 체재 중에 썼다고 추정하는 '에페소 신자들에게 보낸 서간', '필리피 신자들에게 보낸 서간', '콜로새 신자들에게 보낸 서간', '필레몬에게 보낸 서간' 속에 앞서 본 훌륭한 선교사의 이미지와는 달리 무겁고, 어둡고, 괴로워하는 듯한 말이 이따금 나오기 때문이다. "사슬에 매여 있어도"[17], "사슬에 묶여 있는 나를 기억해 주십시오."[18], "내가 설령 하느님께 올리는 포도주가 되어 여러분이 봉헌하는 믿음의 제물 위에 부어진다 하여도, 나는 기뻐할 것입니다. 여러분 모두와 함께 기뻐할 것입니다."[19]

이런 모습은 아무런 방해도 받지 않고 하느님 나라를 아주 대담하게 선포한 사도행전에서의 모습과 너무 다르다. 그래서 학자들 중에서는 바오로의 서로 다른 이 두 가지 모습을 조화시키기 위해 다음처럼 생각하는 이들도 있다. 로마로 압송된 바오로는 비교적 좋은 여건에서 지내다 석방되었다. 그리고 네로 황제의 박해 때 다시 붙잡힌 후, 감옥에 갇혔을 때 에페소서, 콜로새서, 필리피서, 필레몬서를 썼다고 보는 것이다.

바오로는 로마에서도 다시 고난을 겪어야 했던 듯하다. 그는 네로 황제의 재위 시대에 일어난 그리스도교 탄압 정책으로 인해 처형당한 것으로 짐작된다. 그 상황에 대해서는 다음에 언급하겠다.

이처럼 나는 바오로의 선교에 많은 지면을 할애했다. 그 이유는 사도행전이 다른 사도들의 행동을 거의 언급하지 않기 때문이다. 하지만 이렇게 바오로가 로마로 연행되고 미결수로서 유폐된 후 처형당할 때까지, 대부분의 제자들이 예루살렘에서 구태의연하게 재림할 그리스도를 기다리고 있었다는 점은 확실하다. 그 발자취는 확실하지 않지만 베드로만이 예루살렘을 떠나 선교 여행을 계속했다. 그리고 그 역시 바오로처럼 로마로 향한다.

베드로와 바오로의 죽음

예수가 죽은 지 28년이 지난 서기 58년. 바오로는 드디어 고대하던 로마에 도착했다. 미결수라는 부자유스러운 몸이었으나, 로마 제국의 수도이자 영원의 도시라고 불리던 로마에 교회를 세울 기회가 찾아온 것이다.

서기 58년은 네로 황제가 즉위 5년을 맞이한 해이다. 당시 로마는 인구 100만 명의 도시였다. 그 가운데 시민은 20만 명이었고, 노예는 40만 명이었다. 열네 개의 구로 나뉜 로마시에는 아우구스투스 황제의 도시 미화 정책으로 세워진 멋진 시민용 고층 아파트와 귀족들이 사는 호사스러운 저택이 늘어서 있었다. 또한 극장, 경기장, 대규모의 공중목욕탕이 갖추어져 있었다. 이처럼 로마는 각국의 여러 인종이 모인 대규모 국제 도시였다.

"이 군중의 대부분은 고향이 없습니다. 자치 도시나 식민 도시, 아니 땅 끝에서 유입된 사람들입니다. 그들은 새로운 사업을 시작하기 위해, 공적인 용무나 사자로서의 책무를 띠고, 혹은 자유분방하게 쾌락을 즐기기 위해서, 고상한 지식을 얻기 위해서, 또는 관광차 이곳을 찾아온 것입니다."[1]

철학자 세네카의 말대로 당시의 로마에는 로마인들뿐만 아니라 그리스인, 시리아인, 유다인 등 여러 민족이 섞여 북적거렸다. 여러 종교와 신앙이 있었으며, 다양한 쾌락을 즐길 수 있었다. 이 대도시는 문자 그대로 인종과 종교의 도가니였다. 이런 가운데 얼마 안 되는 유다인이 그리스도를 믿으며 조용히 지내고 있었다.

그러나 대부분의 로마 시민은 이 유다인들에게 관심이 없었다. 그들은 자신들의 신을 섬기고 있었고, 뜻 모르는 그리스도의 가르침 같은 것은 변방의 속국 유다 지방에서 믿는 일개 분파로 여겼다.

고대하던 로마에 도착한 바오로도 이 도시의 모습을 보고 흥분에 사로잡혔다. 바오로는 로마에서 그리스도교가 문제시되지 않고 있음을 즉시 알아차렸다. 그는 늘 곤경에 처할수록 강한 투지를 불태웠다. 그리고 이제까지 모든 어려움과 박해를 무릅쓰고 도처에 복음의 씨앗을 뿌려 온 자신의 업적에 대해 자신감이 있었다. 그는 로마 시민이 자신의 이야기에 마음으로부터 귀 기울일 날이 다가오길 바랐다. 로마를 정복하는 자는 세계를 정복한다. 그러기에 로마는 그의 원대한 선교 계획의 거점이자 중심지여야 했다. 바오로는 이런 결심을 되새기며, 그리스도가 자신을 통해 이러한 꿈을 실현시키기 위해 온갖 어려움 끝에 로마로 보냈다고 믿고 있었다.

훗날 폭군이라 불리는 네로 황제는 58년에 스물한 살이었다. 그는 때로는 선정을 베풀었다. 시민의 식량을 확보하기 위해 대운하 공사를 벌이고, 획기적인 세제 개혁으로 시민들의 생활을 편하게 하는 등 정치가로서의 면모를 보이기도 했다.

그가 폭군이라고 불리게 된 것은 황제의 지위를 차지하고, 이 지위를 지키기 위해 벌였던 참혹한 암살 사건 때문이다. 역사가 타키투스의 《연대기》나 수에토니우스의 《황제열전》 속 《네로 전기》가 사실이라면, 그의 생은 독살과 피로 얼룩져 있었다.

네로의 어머니 아그리피나는 불운한 지위에 있던 아들을 즉위시키고자 숙부이자 남편인 클라우디우스 황제를 독살한다. 이렇게 네로는 열일곱 살이라는 나이에 황제가 되었다. 그러나 세 살 아래인 의형제 브리타니쿠스가 자신의 지위를 노린다는 불안에 사로잡혀 그를 독살한다.

쾌락에 도취된 네로는 어머니 아그리피나와 혐오스러운 관계에 빠지기도 했다. 그러다 아그리피나가 거추장스럽게 느껴지자 독살할 계획을 세운다. 단 하나밖에 없는 아들이 자신을 배신했다는 것을 안 아그리피나는 네로가 보낸 자객에게 자신의 아랫배를 내보이며, "자, 찌르시오. 여기서 네로가 태어났소!"라고 외친 뒤 살해되었다.

어머니마저 살해한 네로는 그 뒤로도 여전히 쾌락에 빠져 지냈다. 로마의 원로원은 이러한 젊은 황제를 탄핵하지 못하고 아첨하며 묵인했다.

그는 62년에 다시 살인을 저지른다. 아내 옥타비아에게 누명을 씌워 티레니아해의 판다타리아 섬으로 유폐시킨 후 처형한 것이다. 네로는 64년에 로마 시민을 기쁘게 한다는 구실로 아그리파 공중목욕탕 근처에서 주지육림의 대향연을 열었다. 그는 이때 여장을 하고, 남색 상대였던 노예 피타고라스와 결혼식을 올렸다.

네로는 로마의 한구석에서 묵묵히 그리스도 신앙을 지키며 살아가는 유다인들에 대해 신경도 쓰지 않았다. 그러나 그리스도인들은 네로의 행태를 모른 체를 할 수 없었다. 신자들은 동생을 죽이고, 어머니와 간통하고, 어머니와 아내마저 살해한 네로의 행동을 용납할 수 없었다. 이는 인간을 위해 목숨을 바친 예수의 사랑과 근본적으로 대립했다.

여러 나라를 찾아다니며 여행을 한 바오로도 이제까지 네로 같은 비도덕적인 인간은 본 적이 없었다. 그는 선교 활동 중반부터 로마를 그리스도교의 성도로 꿈꾸며, 로마 제국처럼 광대한 영적인 나라의 수도로 이곳을 택하였다. 그는 로마로 가기 위해 온갖 노력을 기울였고, 가까스로 이곳에 도착했다. 그런데 로마에서 네로와 마주치게 된 것이다. 바오로가 볼 때 네로는 자신의 허무함을 피와 쾌락으로 달래려 하고 있었다. 이렇게 로마를 중심으로 복음의 나라를 세우려 한 바오로는 네로와 정면으로 대립하였다.

그런데 사도행전은 로마에서 바오로의 심정에 대해서는 언급하지 않는다. 사도행전에 따르면 미결수로 호송된 바오로는 이 도시에서도 사람들에게 예수의 가르침을 전했다고 언급한다. "그는 아무 방해도 받지 않고 아주 담대히 하느님의 나라를 선포하며 주 예수 그리스도에 관하여 가르쳤다."[2]라는 말로 끝맺을 뿐, 훗날 그의 수난과 죽음에 대한 부분은 언급하지 않는다. 그러나 옥중에서 신음하며 괴로워하는 바오로의 모습을 로마에서 보낸 그의 서간으로 추측해 볼 수 있다.

"이 복음을 위하여 나는 죄인처럼 감옥에 갇히는 고통까지 겪고 있습니다."[3]

이 구절에 따르면 로마에서 바오로는 미결수로 투옥된 상태였다.

"내가 이 세상을 떠날 때가 다가온 것입니다. 나는 훌륭히 싸웠고 달릴 길을 다 달렸으며 믿음을 지켰습니다. 이제는 의로움의 화관이 나를 위하여 마련되어 있습니다."[4]

이 글은 어쩐지 유언 같은 느낌이 든다. 그는 자신에게 죽음이 닥쳐올 것을 예감하고 있었던 것이다.

"이제는 의로움의 화관이 나를 위하여 마련되어 있습니다."[5]

그는 자신이 받은 고통을 하느님이 보상해 주고, 영광스러운 죽음을 맞으리라 기대했던 것일까?

그러나 바오로가 어떻게 최후를 맞았는지는 알 길이 없다. 확실한 자료가 없기 때문이다. 더욱이 불가사의한 부분은 그의 죽음에 대해 알고 있던 사도행전의 저자 루카 복음사가가 침묵을 지키고 있다는 점이다.

타키투스의 《연대기》 5권 38장에서 44장에 따르면, 네로가 64년경의 대향연을 개최한 직후인 7월 19일에 팔라티노 언덕과 첼리오 언덕이 인접한 곳에서 화재가 발생했다. 바람을 탄 불길은 경기장을 에워쌌다. 그리고 저지대에서 고지대로 옮겨 붙어 6일 동안 모든 것을 태워 버렸다.

때마침 로마를 떠나 있었던 네로는 로마로 돌아와 즉시 이재민 구호에 착수했다. 그러나 시민들 사이에는 이 대화재가 네로의 계획이라는 소문이 떠돌고 있었다. 타키투스는 이에 대해 "네로는 이 소문을 무마시키기 위해 희생양을 필요로 했는데, 그들은 평소부터 혐오스러운 행위로 세인들에게 미움을 받던 그리스도 신봉자라고 불리던 이들이다."라고 전한다.

앞서 얘기했듯, 로마인들은 자신들의 신을 믿고 있었기 때문에 그리스도인들을 별종으로 취급했다. 하지만 극도의 공포를 겪게 되면 이 별난 사람들이 불안과 공포의 대상이 된다. 1923년 일본의 관동대지진 때에 무고한 조선인들이 희생된 것도 이러한 심리 때문이다. 네로는 이를 이용했다. 잘 알려진 것처럼 네로가 자신의 입맛대로 로마를 재건하기 위해 방화를 저질렀는지에 대해서는 의견이 분분하다. 타키투스는 네로가 소문을 무마하기 위해 이 화재의 원인을 그리스도인들에게 뒤집어씌웠다고 한다. 수에토니우스의 《황제열전》에는 네로가 나쁜 관습을 척결하기 위해 "새롭고 유해한 미신을 믿는 그리스도인들을 처벌했다."라고 쓰여 있다.

네로는 자신이 이제껏 무시하고 묵살해 온 로마의 그리스도인들을 방화범으로 몰았다. 그리스도인들은 재판도 받지 못하고 처참하게 죽음을 맞았다. 짐승의 가죽을 뒤집어쓰게 한 뒤 개에게 물려 죽거나, 몸에 기름을 칠해 해가 진 후 등불 대신 태우기도 했다고 전해진다. 네로는 이 모습을 구경하기 위해 카이사르 가문의 정원을 제공했다고 한다.

그럼 바오로도 이때 살해되었을까? 학자들 가운데는 바오로가 미결수로 투옥된 뒤 석방되었다고 보는 이도 있고, 석방 후에 스페인으로 가서 선교를 하다가 다시 로마로 돌아와 순교했다고도 한다. 그러나 로마 박해 중에 처형되었다는 점은 거의 모든 학자가 인정한다. 전승에 따르면 바오로는 참수형에 처해졌다고 한다.

그의 최후가 어떠했는지 명확히 알 수는 없다. 이보다 관심을 끄는 것은 루카 복음사가의 행보이다. 그는 바오로와 함께 선교 여행을 했기에 바오로의 죽음에 대해서도 잘 알고 있었으리라. 루카 복음서와 사도행전의 저자이기도 한 그는 왜 말년에 바오로가 겪은 고통과 죽음에 대해 침묵하는 것일까? 이제까지 많은 학자들이 이 이유에 대해 논쟁을 벌여 왔다. 오늘날의 정설은 이렇다. 사도행전을 쓸 당시의 루카 복음사가는 더 이상 로마를 자극하지 않고자 노력했다. 또한 그리스도교가 정치적으로 무고함을 주장하며 그들의 호의를 얻고자 했기 때문에, 로마에서의 그리스도교 박해와 바오로의 죽음에 대해 침묵했다고 보는 것이다.

이 정설도 부분적으로는 맞다. 루카 복음서에 나오는 예수의 재판과 처형에 관한 묘사를 보자. 여기서는 그 책임을 유다 의회와 대사제 한나스에게 돌리며, 로마 총독이나 로마 백인대장은 예수에게 호의적이었던 것처럼 묘사한다. 이를 보아도 루카 복음사가가 로마에게 신경을 썼다는 것이 엿보인다.

그러나 다른 이유도 있었다고 생각된다. 왜냐하면 루카 복음사가가 로마인들이 자극하지 않도록 바오로의 죽음을 암시적으로라도 쓸 수 있었기 때문이다. 그럼에도 불구하고 그가 침묵을 지켰던 이유는 무언가 다른 데 있었다는 생각이 든다. 또한 루카 복음사가는 바오로뿐 아니라 베드로나 예수의 사촌인 야고보의 죽음을 알고 있었으면서도 기록으로 남기지 않았다. 특히 야고보는 로마인이 아니라 유다인들에게 살해되었음에도 불구하고 침묵을 지키고 있다. 어째서일까?

그 이유는 명백하다. 바오로가 훌륭하고 열렬한 신앙인답지 않게 너무도 참혹하고 초라하게 죽음을 당했기 때문이다. 루카 복음사가는 그와 가까이 지내며 반평생을 알고 지냈다. 그러기에 강철같고 불같이 열렬한 신앙을 지닌 바오로가 하느님과 그리스도를 위해서 열성을 다했음을 알고 있었다. 또한 그가 고난과 박해, 그리고 다른 이들의 험담에도 굴하지 않고 오로지 그리스도의 복음을 전하기 위해 온 힘을 쏟았음을 누구보다 잘 알았다. 그래서 동료들은 하느님께서 바오로 같은 사람에게 영광스러운 죽음을 내리실 거라고 생각했다. 위대한 영웅의 죽음처럼 감동스럽게 최후를 맞으리라는 기대가 사람들 마음속 어딘가에 있었을 것이다. 바오로 자신도 그런 기대를 품었다. 이런 그의 마음은 죽음을 예견했던 최후의 말에 잘 나타나 있다.

"내가 이 세상을 떠날 때가 다가온 것입니다. 나는 훌륭히 싸웠고 달릴 길을 다 달렸으며 믿음을 지켰습니다. 이제는 의로움의 화관이 나를 위하여 마련되어 있습니다."[6]

"의로움의 화관이 나를 위하여 마련되어 있습니다."[7]라는 말에는 영광스러운 죽음에 대한 자부심과 자신감이 넘쳐 있다. 하지만 바오로의 죽음이 감동적이지 않았다면 어떨까? 아우슈비츠 수용소에서 학살된 많은 사람들처럼 인간으로서의 존엄성을 박탈당하고, 명예도 이름도 없이 최후를 마친 거라면 어떨까? 바오로가 노리갯감처럼 짐승의 가죽을 뒤집어쓴 채 개에게 물려 죽었다면 어떨까? 혹은 몸에 기름을 칠한 채, 일몰 후에 등불처럼 타서 죽었다면 어떨까?

바오로의 죽음이 이처럼 초라했다면 살아남은 그의 동료들은 뭐라고 울부짖었을까 상상해 본다.

'복음 선교에 헌신한 그에게 하느님은 어째서 이렇게 비참한 죽음을 내리시는가? 왜 하느님은 그를 살리지 않고, 영광스러운 죽음이 아니라 개처럼 죽게 하셨는가?'

왜? 왜……? 사람들은 이 수수께끼에 대해 침묵한다. 사도행전의 저자인 루카 복음사가가 바오로의 죽음에 대해 아무런 언급도 하지 않았던 것은 그 때문이다. 그는 침묵을 지킨 것이 아니었다. 말할 수 없었던 것이다. 이는 예수의 참혹한 죽음에 충격을 받은 제자들이 왜냐고 물으며 울부짖은 것과 똑같은 상황이었다.

'하느님은 왜 그가 이런 비참한 죽음을 당하게 하셨는가?'

이는 예수의 죽음에 제자들이 제기했던 것과 같은 의문이었다. 또다시 같은 과제가 바오로의 동료들에게 제기되었다.

베드로의 경우도 마찬가지이다. 안티오키아에서 이방인 문제를 둘러싸고 바오로와 베드로 사이에 갈등이 생겼던 점에 대해서는 앞에서 언급했다. 이 안티오키아 사건 이후, 베드로의 행동에 대해서는 전혀 알려져 있지 않다. 다만 코린토 신자들에게 보낸 첫째 서간 9장 5절을 통해 베드로가 그 후에도 그리스도인인 아내를 데리고 선교 여행을 계속했다는 점을 어렴풋이 추측할 수 있을 뿐이다. 아마 그는 여러 곳에서 선교 활동을 하다가 때때로 예루살렘으로 돌아와 제자들과 접촉했을 것이다.

베드로가 어디서, 어떤 죽음을 당했는지에 대한 확실한 자료는 없다. 단지 이를 암시하는 듯한 복음서의 표현이나 전승, 혹은 나중에 기록된 문서를 통해 그가 로마에서 순교했다고 추측할 수는 있다. 복음서 가운데 베드로의 죽음을 암시하는 것은 요한 복음서이다. 요한 복음서의 저자는 예수의 말을 통해 그가 순교한 사실을 다음과 같이 막연하게나마 언급한다.

"'네가 젊었을 때에는 스스로 허리띠를 매고 원하는 곳으로 다녔다. 그러나 늙어서는 네가 두 팔을 벌리면 다른 이들이 너에게 허리띠를 매어 주고서, 네가 원하지 않는 곳으로 데려갈 것이다.' 예수님께서는 이렇게 말씀하시어, 베드로가 어떠한 죽음으로 하느님을 영광스럽게 할 것인지 가리키신 것이다."[8]

요한 복음서에서 나타난 베드로의 죽음에 대한 암시는 애매하다. "데려갈 것이다."[9]라든가, "네가 원하지 않는 곳"[10]이라는 표현을 살펴보자. 이는 최후의 만찬 자리에서 예수가 베드로에게 했던 "내가 가는 곳에 네가 지금은 따라올 수 없다. 그러나 나중에는 따라오게 될 것이다."[11]라고 말한 내용과 연관시키면 의미가 분명해진다. 간다는 것은 죽으러 간다는 의미이다. 요한 복음서는 "네가 원하지 않는 곳으로 데려갈 것이다."[12]라는 표현으로 그가 고통스럽게 죽었다는 것, 즉 순교했음을 암시하고 있다.

베드로가 로마에서 순교했다고 주장하는 학자들은 항상 1세기 말 초대 로마 교회의 지도자였던 클레멘스가 95년경에 코린토 교회에 보낸 편지의 한 구절을 인용한다.

"질투와 시기 때문에 교회의 가장 위대하고, 가장 올바른 주춧돌은 박해를 받고 죽음에 이르기까지 투쟁했습니다. 이 착한 사도들을 머리에 떠올려 봅시다. 그는 베드로입니다. 그릇된 질투로 인해 여러 차례에 걸쳐 많은 고통을 당한 베드로는 자신의 결백을 밝히고, 그에게 어울리는 영광의 장소로 향했습니다."

만일 클레멘스가 확신에 차서 이 말을 했다면, 베드로가 로마에서 어떠한 고통을 당했는지를 상상할 수 있다. 오스카 쿨만은 《베드로》에서 클레멘스의 기록을 근거로 이런 추측을 내놓았다. 베드로가 로마에 머물던 그리스도인들 가운데 이방인의 가입을 거부하던 일부 유다인 신자들의 공격을 받고, 그들의 밀고로 처형되었다고 보는 것이다. 쿨만은 이를 뒷받침하기 위해 타키투스의 《연대기》 가운데 다음과 같은 기록을 근거로 들고 있다.

"처음으로 붙잡힌 사람들(그리스도인들)은 자백하고 유죄로 판정받았다. 그 이후에 그들의 증언에 의해서 많은 그리스도인이……."

베드로는 어떻게 죽음을 맞았을까? 어떤 학자는 앞에서 인용한 요한 복음서의 "늙어서는 네가 두 팔을 벌리면"[13]라는 내용을 근거로 십자가형을 받았다고 보기도 한다. 그리고 전승에도 베드로가 스승 예수와 마찬가지로 십자가형을 받았다고 전해진다. 그러나 베드로의 로마 순교설은 어디까지나 추측일 뿐이다. 전승에 따르면 베드로가 처형된 곳은 오늘날 로마 교황청이 있는 바티칸이다. 이와 관련하여 비오 12세 교황은 콘스탄티누스 황제가 세운 베드로 대성전 지하를 발굴한 결과, 전승을 뒷받침할 증거를 확보했다는 성명을 내었다. 그리고 1950년 12월 23일, "사도 중 제1인자의 무덤이 발견되었다."라고 발표했다.

하지만 베드로의 로마 순교설에 대해서는 옛날부터 많은 반대 의견이 있었다. 그 가운데 어느 의견이 옳은지는 판정할 수 없다. 하지만 나는 바오로의 경우와 마찬가지로 초기 그리스도교의 지도자였던 베드로의 죽음에 대해 복음서나 사도행전이 침묵을 지킨다는 점이나, 앞서 요한 복음서처럼 암시적으로 언급하는 비밀에 마음이 더 끌린다. 사도행전의 기록 연대가 네로의 그리스도교 박해 이후라고 할 때, 루카 복음사가는 베드로나 바오로의 죽음에 대해 잘 알고 있었을 것이기 때문이다. 그런데도 그가 그들의 죽음에 대해 아무 말도 하지 않은 이유는 무엇일까? 이에 대해 많은 학자들은 베드로나 바오로의 순교는 당시 사람들이 잘 알고 있었기 때문에 새삼스레 기록할 필요가 없었을 거라고 본다. 그러나 과연 그들의 이름이 기록을 남기지 않아도 좋을 정도로 널리 알려져 있었을까? 과연 그러했을까?

또한 그리스도인들 사이에서는 잘 알려진 사실일지라도, 베드로와 같은 지도자의 죽음은 후세를 위해서 기록으로 남길 필요가 있었을 것이다. 그러기에 나는 베드로와 바오로가 처참하고 초라하게 명예도 이름도 없이 최후를 마쳤기에 그 죽음에 대해 언급할 수 없었다고 생각한다.

바오로가 로마에서 비참한 최후를 맞이하기 전인 61년, 예루살렘의 그리스도교 공동체에도 큰 사건이 벌어졌다. 베드로를 대신하여 조직을 지도하던 예수의 사촌 야고보가 대사제이자 의회의 의장인 한나스

2세에 의해 체포되어 처형되었다. 당시의 역사가인 플라비우스 요세푸스는 이 사건을 다음과 같이 전한다.

"한나스 2세는 회의를 소집하고 그리스도라고 불리던 예수의 사촌이자 야고보라는 이름을 가진 인물을 다른 자와 함께 잡아들여, 율법을 위반했다고 해서 돌로 쳐 죽였다."

한나스 2세는 예수를 재판에 회부한 대사제 한나스의 아들이다. 플라비우스 요세푸스는 한나스 2세를 두고 성급한 성격이라고 평했다. 그래서인지 한나스 2세는 61년에 로마의 펠릭스 총독이 죽고 후임인 알비누스가 취임하기 전 공백기를 이용해, 갈수록 신자들이 늘어나고 있는 그리스도교를 탄압했다.

2세기의 헤제시포는 야고보의 죽음에 대해 이렇게 전한다. 박해자들은 야고보를 예루살렘 성벽 한 모퉁이에 세웠다. 그리고 그에게 밑에 모인 군중을 향하여 예수의 이름으로 사람들을 현혹시키고 있다고 외치도록 강요했다고 한다. 그러나 야고보는 이렇게 답했다.

"왜 당신네들은 예수에 대해 묻습니까? 예수는 하늘에 계시는 하느님의 오른편에 앉아 계시며 머지않아 구름을 타고 오실 것입니다."

박해자들은 그를 성벽 아래로 밀어 떨어뜨렸다. 숨이 붙어 있던 야고보는 무릎을 꿇고 "주님, 저들을 용서하소서. 그들은 무엇을 하고 있는지 모릅니다."라고 기도했다고 한다. 사람들은 그에게 돌을 던지기 시작했다. 그러자 레캅인의 사제가 이를 말렸고, 한 직물 표백공이 직물을 말리는 막대기로 야고보의 머리를 쳐 절명시켰다고 한다.

헤제시포가 전하는 야고보의 죽음은 예수나 스테파노의 죽음과 너무도 흡사한 형태이다. 이를 보아 사실 그대로는 아닐 것이다. 단지 이러한 기록과 요세푸스의 보고로서 알 수 있는 것은 두 가지이다. 첫 번째는 61년경에 이미 예루살렘의 그리스도교 공동체는 사두가이가 불안해할 만큼 큰 세력으로 등장하기 시작했다는 점. 두 번째는 유다교의 틀 안에서 그리스도교를 선교하던 보수파 야고보마저 처형당했다는 점이다.

사도행전의 루카 복음사가는 요세푸스가 언급한 야고보의 죽음에 대해서 알고 있음에도 불구하고 이를 전하지 않는다. 또한 예수의 다른 직제자들의 동정과 죽음에 대해서도 일체 언급을 피하고 있다. 따라서 모든 것은 불확실하다. 다만 전승을 통해 그들의 죽음이 어떠했는지 상상할 수 있을 뿐이다. 그 몇 가지 전승은 다음과 같다.

† 요한: 요한은 예수의 어머니 마리아를 보살폈는데, 마리아가 세상을 떠난 후에 로마로 갔다. 그곳에서 기름이 펄펄 끓는 가마솥에 던져졌으나 상처 하나 입지 않았다. 그 후, 94세까지 천수를 누리다 에페소에서 죽음을 맞았다고 전해진다.

† 안드레아: 베드로의 동생으로 갈릴래아 호수에서 어부 생활을 했다. 그는 유다 광야의 요한 세례자의 공동체에 들어가 거기서 예수를 만나게 되었다. 안드레아는 비잔틴에서부터 흑해 부근에 이

르는 지역에서 선교 활동을 했으며, 그리스의 파트라스에서 십자가에 달려 죽었다.

† 토마스: 토마스는 처음에 예수의 부활을 믿지 않았다. 역사가 에우세비오에 따르면 토마스는 인더스강에서 티그리스강, 그리고 페르시아만에서 카스피해에 이르는 광활한 지역을 다니며 선교 활동을 했다. 또한 인도까지 가서 선교 활동을 했다는 전승도 있다. 그는 밀라포르에서 힌두교 사제들에게 돌팔매질당하고, 창에 찔려 죽었다고 전해진다.

† 마태오: 세리 마태오는 유다인의 의회에게 처형되었다는 전승이 있다.

 그 외의 필립보, 열혈당원 시몬, 바르톨로메오, 타대오 같은 다른 제자들도 순교했다고 하나 사실인지는 알 수 없다. 이 전승은 흔한 성자 이야기의 형식을 빌려 묘사되었다. 여기에는 제자들 대부분이 가혹한 죽음을 맞았다는 전승의 배후에는 야고보, 베드로, 바오로를 잃은 초기 그리스도교의 고통스러운 운명이 암시되어 있다.
 야고보와 베드로를 잃은 예루살렘의 제자들은 그날부터 큰 타격을 받아 그리스도를 향한 신앙마저 흔들리기 시작했다. 예루살렘의 제자들은 종말 의식과 메시아에 대한 재림의 희망 위에 결속을 다지고 있었다. 야고보는 예루살렘 성벽에서 죽음도 두려워하지 않고 이렇게 외쳤다고 한다. "예수는 하늘에 계시는 하느님의 오른편에 앉아 계시며, 머지않아 구름을 타고 오실 것입니다."

헤제시포의 이 기록이 사실이 아니더라도, 야고보의 지도 아래 예루살렘의 제자들이 지녔던 신앙을 잘 보여 준다. 그들은 예수가 메시아이며, 메시아가 이 세상에 재림하여 자신들을 구원하러 올 것이라고 믿고 있었던 것이다. 더불어 재림의 장소가 예루살렘이라는 확신이 있었기 때문에 성도를 떠나지 않았다.

그러나 세월이 흘러도 메시아는 재림하지 않고, 그럴 징조조차 보이지 않는다. 사두가이와 대사제 한나스에 의한 새로운 박해와 이국 땅에서 죽은 베드로에 대해서도 하느님은 침묵했다. 메시아는 재림하지 않는다. 이러한 절망감이 야고보적인 신앙, 즉 유다교의 틀 안에서 그리스도를 생각하고 있던 유다인 신자들에게서 생겨났다. 그들은 그리스도의 재림을 고대하는 가운데 지쳐갔다. 이러한 절망감이 예루살렘뿐만 아니라 각지로 퍼져 갔다. 우리는 이러한 초기 그리스도교의 심리적 위기를 히브리서를 통해 알 수 있다. 히브리서의 저자는 바오로라고도 알려졌으나 정확하지는 않다. 히브리서는 이러한 상황에 처한 동료들을 질타하고 격려하기 위해 쓰였다. 그리고 그들에게 인내하라고 권한다.

"여러분이 하느님의 뜻을 이루어 약속된 것을 얻으려면 인내가 필요합니다. '조금만 더 있으면 올 이가 오리라. 지체하지 않으리라. 나의 의인은 믿음으로 살리라. 그러나 뒤로 물러서는 자는 내 마음이 기꺼워하지 않는다.'"[14]

이 서간의 저자는 어린아이를 달래는 어머니처럼 동료들을 훈계한다. 그리고 절망 같은 이 시기야말로 신앙을 단련할 수 있는 기간이라고 이야기한다.

"내 아들아, 주님의 훈육을 하찮게 여기지 말고 그분께 책망을 받아도 낙심하지 마라. 주님께서는 사랑하시는 이를 훈육하시고 아들로 인정하시는 모든 이를 채찍질하신다."[15]

"형제 여러분, 여러분 가운데에는 믿지 않는 악한 마음을 품고서 살아 계신 하느님을 저버리는 사람이 없도록 조심하십시오."[16]

이 경고는 그리스도가 재림하지 않자 이에 절망하여 다시 유다교로 개종하려고 한 그리스도인이 많았음을 보여 준다. 그들은 재림하지 않는 그리스도를 더 이상 메시아로 믿을 수 없었기에 자신들이 버린 유다교로 되돌아갔다.

이처럼 히브리서는 베드로와 야고보라는 지도자를 잃은 초기 그리스도교 공동체의 신앙적 위기를 전한다. 신앙의 위기라 할 수 있는 서기 60년대의 그리스도교의 상황을 고려할 때, 사도행전이 바오로와 베드로, 야고보의 죽음에 침묵을 지킨 이유를 어렴풋이 알 수 있다.

초기 그리스도교 공동체는 30년 전에 예수가 십자가에서 처형되었을 때 제자들이 그러했던 것처럼 충격을 받고, 같은 의문에 접할 수밖에 없었다.

"왜 하느님은 그에게 이처럼 비참한 죽음을 내렸는가?"

하느님을 위해서 산 사람, 사랑만으로 살았던 이가 비참한 최후를 맞이하지 않으면 안 되었던 불가사의한 이유. 이 수수께끼는 예수의 제자들에게 평생의 과제였다. 이처럼 바오로, 베드로, 야고보의 죽음은 그들을 알고 있던 이들에게 수수께끼로 남았다.

이 신앙의 위기로 떠나는 이들이 속출했다. 떠난 이들 가운데는 다시 유다교로 돌아간 사람도 있었다. 남은 이들은 그 수수께끼를 풀기 위해 바오로가 말하는 부활의 신비를 믿지 않으면 안 되었을 것이다. 만일 부활이 없다면 베드로의 죽음, 바오로의 죽음, 야고보의 죽음은 무의미해지기 때문이다. 이 신앙의 위기는 오히려 남아 있는 이들이 부활에 대한 믿음을 더욱더 강하게 가지도록 했다. 이처럼 부활의 의미는 한층 더 그리스도교의 핵심으로 자리를 잡았고, 초기 그리스도교는 칠전팔기의 과정을 통해서 조금씩 발전해 나갔다.

침묵의 하느님,
재림하지 않는
그리스도

예루살렘 교회는 베드로와 야고보를 잃고 조직적으로나 신앙적으로 큰 타격을 받았다.

'그들은 신앙을 위해 평생을 바쳤는데 왜 참혹하게 죽었을까? 하느님은 왜 그들을 죽게 내버려 두었을까? 하느님은 왜 이 두 사람을 구하지 않고 침묵을 지켰을까?'

일부 신자들은 꼬리를 무는 이러한 의문에 확신을 가지고 답할 수가 없었다. 그뿐만 아니라 곧 재림할 것으로 믿었던 그리스도도 아직 모습을 드러내지 않았다. '자신들이 속은 것은 아닌가? 정말로 예수는 메시아였던 것일까?' 그들의 신앙은 이러한 의문 앞에 흔들렸다.

이 시기, 예루살렘 안팎에는 불온한 분위기가 만연했다. 로마에서 파견된 총독이 잇따른 유다인 탄압 정책을 실시하여 예루살렘 시민의 반로마 감정을 자극했던 것이다. 서기 62년부터 64년까지 재임했던 알비누스 총독은 유다인들에게 높은 세금을 거두어들이고, 직권을 남용하여 욕심을 채웠다. 그의 후임인 게시우스 플로루스도 알비누스가 했던 것 이상으로 횡포하게 처신하여 유다인의 원한을 샀다. 반로마 감정이 급속히 각지로 퍼지기 시작했다.

로마와 타협 방침을 유지해 오던 유다 의회와 대사제 한나스 2세는 민중들의 반로마적인 감정이나 과격한 운동을 가능한 한 억누르려 했다. 네로 황제에 의해 유다 분봉왕의 지위에 오른 아그리파 2세도 로마를 자극하지 않으려고 유다인들을 무마하기 시작했다. 그러나 구태의연한 방법으로는 점차 고조되는 유다인들의 감정을 억누를 수가 없었다.

이러한 절박한 분위기 속에서 예루살렘 교회는 베드로와 야고보를 잃었다. 동요한 신자들 가운데는 메시아의 재림을 기다리는 데 지쳐, 반로마적 감정에 휘말린 민중과 어울리기 위해 유다교로 돌아가는 이들이 속출했다.

초기 그리스도교 공동체는 결속할 필요가 있었다. 그들로서는 동요하는 신자들을 격려하고, 흩어진 조직을 정비하는 것이 시급했다. 야고보와 사촌 지간인 시메온이란 인물이 새로운 지도자로 선출된 것도 이 시기이다. 그들은 당시의 숨 막힐 듯한 정치 정세를 세계의 종말을 알리는 징조라고 여겼다. 그리고 자신들을 구원할 그리스도가 모습을 드러낼 때가 가까웠다고 생각하며 일단 이 신앙의 위기를 극복하려고 했다.

로마 총독들이 머물던 카이사리아에서 유다인 회당 옆에 땅을 소유하던 어떤 그리스인이 있었다. 그는 이곳에 건물을 새로 짓고자 했다. 이로 인해 회당을 다니는 데 불편을 느낀 유다인들과 그리스인 사이에 벌어진 싸움이 확대되었다. 결국은 이로 인해 폭동이 일어났다.

플로루스 총독은 폭동에 연관된 유다인들을 붙잡아 투옥시켰다. 그리고 예루살렘 성전의 보물 창고에서 벌금을 취하고, 이를 비난하는 유다인들에게 보복하기 위해 병사들을 이끌고 예루살렘으로 올라갔다. 로마 병사들은 그의 명령을 받고 불평분자뿐만 아니라 일반 시민의 집까지 침입하여 약탈했다. 도시 곳곳에서 학살이 자행되었다. 피에 굶주린 병사들은 온건파까지 붙잡아 채찍질하고, 부녀자를 포함해서 3천 6백 명을 살해했다.

이 소식을 들은 유다 분봉왕 아그리파 2세는 중재에 나섰다. 한편 시리아의 갈루스 총독도 실정을 조사하기 위해 군사령관을 파견했다. 유다인들은 이 두 사람을 예루살렘에서 12킬로미터 정도 떨어진 곳에서 맞이했다. 그리고 플로루스 총독의 횡포, 로마 병사들의 끔찍한 학살에 대해 털어놓았다. 사령관은 예루살렘을 시찰한 후, 병사들이 로마로 귀환하도록 설득하고 일단 철수했다. 아그리파 2세도 로마와 싸우기에는 자신들이 불리하다는 점과 독립은 시기상조라는 점을 차근차근히 민중에게 납득시키려고 했다.

한때 유다인들은 이 설득을 받아들이기도 했다. 그러나 이미 타오르기 시작한 불길은 걷잡을 수 없었다. 유다인 과격파가 사해 근처의 유다 광야에 있는 마사다 요새를 습격하고 로마 주둔군을 전멸시켰다. 예루살렘에서도 엘르아살 벤 야일이라는 청년이 이끄는 과격파가 대사제 한나스 2세나 원로들의 반대를 무릅쓰고 단호히 로마에 맞설 것을 선언했다. 오랜 기간 굴욕을 참아 온 유다인들이 드디어 일어선 것이다.

아그리파는 이 폭동을 진압하기 위해 기병대 3천 명을 파견했다. 이에 힘을 얻은 예루살렘의 보수파와 과격파 간에 싸움이 벌어졌다. 투석기(바리스타)로 쏜 돌들이 어지럽게 날아다니고, 좁은 길에서는 피를 뿜는 백병전이 7일간 계속되었다. 싸움은 과격파의 승리로 끝났다. 대사제 한나스 2세는 하수도 속에 숨어 있다가 발각되어 살해되었다.

사태는 수습할 수 없을 정도가 되어 버렸다. 처음에 유다인의 반란을 얕보았던 플로루스 총독도 상사인 시리아의 갈루스 총독에게 도움을 청하게 되었다. 갈루스 총독은 반란이 더 이상 조직화되기 전에 확대되지 않도록 유다인들을 쳐부숴야 한다고 생각했다. 그는 제12군단을 주력으로 하는 군대를 파견했다.

제12군단은 갈릴래아에서 사마리아로 남하하며 저항하는 유다인을 물리치고 예루살렘을 포위했다. 로마군은 6일 동안 성벽을 돌파하려고 시도했으나 예루살렘 시민의 완강한 저항에 부딪쳤다. 뜻을 이룰 수 없게 되자 갈루스는 공격을 단념하고 퇴각했다. 생각지도 않은 로마군의 퇴각을 보고 기뻐했던 유다인들은 즉시 반격에 임했다. 유다인들은 벳 호른의 험한 길을 통과하는 중무장한 로마군을 습격하여 전사자 6천 명이라는 크나큰 타격을 입혔다.

그러나 승리감에 도취하기에는 시기상조였다. 패전의 소식을 접한 네로가 대군을 유다에 보내어 철저하게 보복할 것이 불 보듯 뻔한 일이었기 때문이다. 예루살렘에서는 결전에 대비한 전쟁 준비가 시작되었다. 먼저 예루살렘 성 밖에 두 겹의 방호벽이 만들어졌다. 무기가 모이고, 청년들은 군사 훈련을 받게 되었다. 그들은 처음부터 자신들이 로마 정예군과 맞설 수 있다고 생각하지는 않았다. 단지 유다의 예언자들이 말해 온 하느님의 기적이 일어나 자신들을 구할 메시아가 나타나리라는 기대에 모든 것을 걸었던 것이다.

이런 상황의 예루살렘에서 그리스도인들이 무엇을 하고 있었는지는 전혀 알 길이 없다.

∽

네로는 시리아 총독 휘하 제12군단의 패전 소식을 전해 듣고 사태의 심각성을 느꼈다. 그는 즉시 이전에 게르만인의 반란을 진압한 명장 베스파시아누스에게 유다로 진격할 것을 명했다. 67년 봄, 베스파시아누스는 제15군단을 주력으로 하는 군대 6만 명을 이끌고 안티오키아에 상륙했다.

베스파시아누스와 그 군단의 남하는 의외로 시간이 걸렸다. 유다인들이 마을들을 요새화하고 게릴라 전법으로 집요하게 저항했던 것이다. 그러나 로마군은 차차 갈릴래아를 제압하고, 사마리아를 지나 예루살렘을 향하여 진격했다. 그런 가운데 이전에 예수가 성장했고 많은 제자들의 고향이던 갈릴래아가 로마군에게 유린되었다.

갈릴래아 지방의 유다 지휘관은 훗날 《유다 전쟁사》와 《유다 고대사》를 쓴 플라비우스 요세푸스였다. 그는 요타파타 요새에서는 잘 저항했으나 패배가 확실해지자 교활하게 부하를 속이고 스스로 로마군에 투항했다. 그리고 베스파시아누스가 장차 로마 황제가 될 신탁을 가지고 왔다고 하여 처형을 면했다. 그는 훗날 역사가로서 여생을 마감하였다. 베스파시아누스는 사마리아를 평정한 후에도 예루살렘을 직접 공격하지 않고 그 주위의 거점을 하나씩 소탕했다. 그러다 2년 후인 69년에 돌연 팔레스티나를 떠났다. 68년에 네로 황제가 죽자 로마는 큰 혼란에 빠졌다. 많은 이들은 베스파시아누스가 혼란을 겪고 있는 로마를 안정시키는 데 적임자라고 생각했다. 그리고 그는 사람들의 지지를 받아 제위에 올랐다. 요세푸스의 예언이 묘하게도 맞았던 것이다.

베스파시아누스는 예루살렘 공격을 포기하지 않았다. 작전은 그의 아들인 티투스가 인계했다. 로마군은 총공격을 위한 준비를 착착 진행시키고 있었다. 예루살렘에서는 곧 전개될 결전에 대비하기는커녕 유다인들 사이에 추한 세력 다툼이 시작되어, 끊이지 않는 내전이 반복되고 있었다. 이에 대해 요세푸스는 "신의 평안이라고는 찾아볼 수 없었다."라고 적었다. 성도 예루살렘은 '약탈과 내전으로 얼룩진 장소'가 되어 버렸다.

70년 봄에 티투스는 드디어 예루살렘 총공격을 개시했다. 파스카를 며칠 앞두고, 그의 정예 제3군단은 성도를 포위하여 개미 한 마리 빠져나가지 못하도록 봉쇄했다. 그들은 예루살렘 북쪽에 있는 언덕이나 예수가 이따금 다니던 올리브산에도 진지를 구축했다. 강력한 투석기가 예루살렘 성벽을 향해 배치되고, 창과 검으로 무장한 수많은 로마 병사가 작전 개시 명령을 조용히 기다리고 있었다. 이에 대항할 유다인들은 약 2만 명 정도였다. 그러나 식량도 부족하고 또한 닥치는 대로 끌어모은 사람들이었기 때문에 무기 사용도 서툴렀다.

총공격이 시작되었다. 먼저 로마군은 예루살렘을 에워싼 성벽을 부수기 위해 세 곳에서 스콜피오네스라는 병기를 사용했다. 이 신병기는 굉장한 소리를 내며 성벽을 파괴했다. 이를 본 유다인들은 기가 꺾이기도 했으나, 곧 투창과 불화살로 로마군의 공격을 저지하려 했다.

로마군 진영에서는 투석기에서 발사되는 돌이 비 오듯 날아갔다. 오늘날에도 예루살렘 주위에서 이 돌이 발견된다. 이 돌은 사람의 머리만하고 무게는 약 45킬로그램, 사정거리는 400미터였다. 이 공격에 가담한 로마 제10군단의 투석기는 위력적이었다. 이에 대해 요세푸스는 다음과 같이 적었다. "그러나 유다인들은 돌이 날아오는 것을 대비하고 있었다. 돌이 바람을 가르는 소리와, 돌이 하얗기 때문에 반짝반짝 빛나는 것을 보고 알 수 있었던 것이다. 탑에 배치된 보초는 돌이 발사되면 소리를 질러 돌이 날아오는 것을 알렸다. 그러면 그 방향에 있던 이들은 피하고 지면에 엎드렸다. 그러자 로마군은 돌을 검게 칠해 대응했다."

유다인들이 완강하게 저항하자 티투스는 성벽과 거의 같은 높이의 탑을 세 개 세우고 창과 활, 그리고 돌을 사용하여 계속 공격했다. 그리고 로마군의 신병기도 그 효과를 드러내기 시작했다.

공격이 시작된 지 2주가 지나 로마군은 간신히 제1성벽을 돌파할 수 있었다. 제1성벽과 제2성벽 사이에서는 매일같이 피비린내 나는 백병전이 새벽부터 저녁까지 계속되었다. 쌍방 모두 야간 기습을 두려워하여 제대로 잠을 이루지 못하였다. 로마군은 백병전에 유리했지만 성벽에 접근하면 유다인들이 창과 돌로 저항했기 때문에 물러날 수밖에 없었다.

제1성벽이 점령되고 5일 후, 로마군은 사투 끝에 드디어 제2성벽을 돌파했다. 이제 예루살렘의 운명은 성벽 하나에 달려 있었다. 성벽 아래에는 시체가 산을 이루고 있었으며, 로마군은 진용을 갖추고 예루살렘을 에워싸고 있었다 티투스는 최후의 공격을 위해 병사들에게 높은 제방을 만들게 했다.

예루살렘의 패배는 확실했다. 무기와 식량이 다 떨어진 것이다. 그럼에도 불구하고 유다인들은 기적을 기다리고 있었다. 예언자들이 이야기해 온 메시아가 나타나 이 찬란한 예루살렘을 구할 기적을 기다리고 있었다. 이때 성벽 아래 로마 병사들 가운데서 한 남자가 모습을 드러냈다. 유다인 복장을 한 낯익은 얼굴. 그는 갈릴래아의 총지휘관으로 파견되었던 플라비우스 요세푸스였다.

요세푸스는 성벽 위에서 자신을 내려다보고 있는 유다인들에게 외쳤다. "로마군 사령관인 티투스는 지금도 여러분과의 화평을 기다리고 있소. 더 이상 승산 없는 싸움은 그만두고 항복하시오. 하늘도 유다인 편이 아니라 로마인들 편이오. 로마군의 공격이 아니더라도 식량이 고갈되어 가는데 어떻게 하겠다는 것이오?"

유다인들이 조소를 퍼붓자, 요세푸스는 오랜 유다의 패전 역사를 이야기하며 무기를 버리고 항복할 것을 권했다. 그리고 다음과 같은 말로 끝맺었다.

"뒤돌아보시오. 이제 곧 적에게 넘어갈 이 아름다운 도시를……. 얼마나 훌륭한 도시인지, 얼마나 훌륭한 성전인지! …… 이것들이 흔적도 없이 파괴되기를 바라는 이가 누가 있겠소! 이 도시만큼 지킬 가치가 있는 것은 없소. 들으시오. 냉랭하고 돌처럼 완고한 이들이여!"

티투스가 만들게 한 제방은 17일 만에 완성되었다. 그러나 유다인들의 집요한 반격으로 파괴되었다. 로마군은 더 이상 무익한 피를 흘리는 것을 그만두고, 예루살렘을 아사시키기로 작전을 바꿨다. 로마군 또한 지쳤던 것이다.

기아 작전은 유다인을 괴롭혔다. 시내에는 식량이 거의 떨어진 상황이었다. 요세푸스는 이때의 상황을 다음과 같이 적고 있다.

"난간뜰에는 수척해진 어머니와 자녀들로 가득 차 있고, 골목에는 노인의 시체가 산처럼 쌓였다. 어린이와 젊은이의 굶주린 배는 풍선처럼 부풀어 올랐다. 굶주린 이들이 유령처럼 헤매다가 쓰러져도 묻어 주는 이가 아무도 없다. 동정이라는 말은 자취를 감추었다."

매일 밤 5백 명이 넘는 유다인들은 굶주림을 견디지 못해 식량을 구하기 위해 몰래 성 밖으로 나왔다. 그러나 잠복하고 있던 로마 병사들에게 붙잡혀 다음 날 성벽에서 동료들이 지켜보는 가운데 처형되었다. 먹을 것이 다 떨어진 예루살렘은 건초, 가죽 띠와 신발은 물론 자기 자식마저 잡아먹는 상황이 되었다.

그러나 유다인들은 항복하지 않았다. 요세푸스는 고독한 예루살렘의 밤을 다음과 같이 묘사했다. "깊은 침묵과 죽음과 같은 밤이 도시를 뒤덮고 있었다."

5월, 예루살렘에 최후의 공격이 가해졌다. 로마 병사 20여 명이 어둠을 틈타 로마 총독의 관저이자 예수가 빌라도에게서 재판을 받았던 안토니오 탑 방향으로 잠입하였다. 이를 신호로 티투스는 즉시 원병을 보냈다. 처참한 싸움이 예루살렘의 미로와 같은 좁은 길 곳곳에서 시작되었다.

"쌍방 모두 창이나 활 같은 도구는 도움이 되지 않았다. 그들은 검과 맨손으로 싸웠다. 좁은 장소에서 서로 뒤섞여, 아군인지 적군인지 분간할 수도 없었다. …… 쓰러진 자들은 짓밟히고 죽어 갔으며, 승패가 엇갈릴 때마다 우세한 쪽은 승리의 함성을 올렸다."

그러나 유다인들은 최후의 발악을 하며 로마군의 파상 공격을 저지하려고 했다. 그들은 로마 병사들이 점령한 안토니오 탑의 아랫부분을 부수었다. 그리고 로마군이 예루살렘으로 쳐들어오자 성을 나와 올리브산에서 진을 치고 있는 로마 군단을 향하여 돌격했다. 유다인들은 그들의 긍지이자 가장 신성한 성전을 사수했다. 최후의 전투는 이 성전 주위에서 되풀이되었다. 로마군은 신병기 스콜피오네스로 성전 벽을 부수려 했으나 허사였다. 그들은 사다리를 걸어 성전 안으로 돌입하려고 했지만 유다인들의 반격으로 물러서야 했다. 사태가 이렇게 되자 처음에 예루살렘 성전에 불을 지르는 것은 삼가던 티투스가 생각을 바꾸었다.

로마 군대는 성전 문에 불을 질렀다. 문을 태운 불길은 주랑과 지성소로 퍼져 갔다. 유다인들은 최후의 거점인 예루살렘 성전이 불타오르는 것을 보고 전의를 잃었다. 로마 대군을 상대로 굶주림을 견디며 사투해 온 의미가 완전히 사라졌다. 하느님은 지금 성전이 불타고 있는 것을 내버려 두고 있다. 기적은 일어나지 않았다. 메시아는 나타나지 않는다. 현실은 하느님이 그들을 외면하고 있다는 것을 명백히 보여 주었다.

로마 병사 하나가 불을 붙이자, 불길은 성전의 가장 성스러운 곳인 지성소까지도 태웠다. 이 비극을 여실히 보여 주듯 절규의 함성이 일어났다. 지성소가 불타는 동안 로마 병사들은 예루살렘 시민들을 학살하기 시작했다. 아이도, 노인도, 살려 달라고 애원하는 이도, 저항하는 이도 모두 살해되었다. 요세푸스는 이때의 정황을 다음과 같이 이야기했다.

"불길은 시내 여기저기로 퍼져 갔고, 부상자의 신음 소리에 불타는 소리가 뒤섞였다."

"언덕이 높고 불길에 싸인 건물이 컸기 때문에 시내 전체가 불타는 것처럼 보였으리라. 불타는 소리와 부상자의 신음 소리는 귀를 멍하게 하고, 사람들을 두려움에 떨게 했다. 진군하는 로마 군단의 함성이 불길과 칼에 둘러싸인 저항자들의 절규, 성도가 적의 수중에 떨어진 것을 한탄하는 이들의 목소리와 뒤섞였다. 언덕과 시내 곳곳은 사람들의 절규와 신음 소리로 가득 찼고, 그 소리는 도성 건너편까지 크게 메아리쳤다."

예루살렘은 함락되었다. 유다인들은 티투스에게 조건부 항복을 제안했지만 받아들여지지 않았다. 거룩한 도시는 로마군의 방화와 약탈로 완전히 파괴되었다. 저항하는 자들은 모두 처형당하고 17세 이상의 남자는 쇠사슬에 묶여 이집트 노역으로 보내졌다. 요세푸스에 따르면 팔레스티나 각지에서 포로로 잡힌 유다인의 수는 9만 7천 명이었다고 한다.

"예루살렘아, 네 성문에 이미 우리 발이 서 있구나. 예루살렘을 위하여 평화를 빌어라. '너를 사랑하는 이들은 평안하여라. 네 성안에 평화가, 네 궁궐 안에 평안이 있으리라.'"[1]

구약 성경 곳곳에는 유다인들이 예루살렘을 찬미하는 말을 발견할 수 있다. 예루살렘은 "하느님의 도성"[2]이고, "그리워 찾는 도성"[3]이며, 더불어 유다인 최고의 성지였다. 그들은 이 예루살렘을 정신적인 지주로 삼았으며, 신앙의 근거로 생각하며 살아갔다. 왜냐하면 유다인이 가장 존귀하다고 생각하는 성전이 있었기 때문이다. 초기 그리스도교의 제자들에게도 마찬가지였다. 그들이 스승 예수가 처형된 후에 고향 갈릴래아로 피했다가 다시 이 성도로 돌아왔던 것도 이런 이유에서였다. 예루살렘이 하느님의 도시이고 거룩한 곳이었기 때문이다. 그들은 고대하던 그리스도의 재림도 이 예루살렘에서 있을 것이라고 믿었다. 이처럼 예루살렘은 유다인뿐만 아니라 그리스도인들에게도 중요한 의미를 지니고 있었다.

그런 예루살렘이 잿더미가 되어 버렸다. 성지는 로마 군단의 군홧발에 짓밟혔으며, 그들이 긍지로 삼았던 모든 것이 불타 버렸다. 그런데도 고대하던 하느님의 징벌과 기적은 일어나지 않았다. 하느님은 예루살렘과 성전이 불타고, 지성소가 불타고 있음에도 불구하고 차갑게 침묵을 지키고 있었다. 시내 곳곳에서 죄 없는 여자, 어린아이가 로마 병사에게 학살되고 있는데도 메시아는 나타나지 않았다.

이 냉엄한 현실 앞에 유다인들이 받은 충격은 엄청났다. 그 영향으로 이후 유다교의 조직도 변하게 된다. 예루살렘 성전의 관리자이자 유다 의회의 실권을 쥐고 세력을 유지해 왔던 사두가이도 이 반란으로 대사제 한나스 2세를 잃고는 그 힘을 상실한다. 그 대신에 서민적이었던 바리사이가 유다교의 주류로 자리를 잡아 간다. 또한 의회도 사두가이의 사제들이 아닌 랍비라고 불리는 유다교 학자들이 주류를 이뤘다. 유다인들은 랍비를 전면에 내세워 자신들이 받은 충격에서 벗어나려고 했던 것이다. 그들은 나름대로 하느님이 성전과 자신들을 저버린 이유의 답을 찾으려고 했다.

○○

그렇다면 초기 그리스도교 공동체는 어떻게 되었을까? 이 시기의 자료에는 처참하기 그지없는 전쟁이 벌어지는 동안 그들이 어디에 몸을 숨기고, 무엇을 하고 있었는지에 대해 전혀 언급이 없다. 4세기에 이르러서야 에우세비오의 《교회사》에 "예루살렘의 제자들은 싸움이 시작되기 전에 갈릴래아 호수의 남쪽에 있는 펠라로 옮겼다."라고 기록되어 있을 뿐이다.

그러나 많은 학자들은 펠라 이주설에 대해 의문을 품는다. 이유는 여러 가지이다. 당시 예루살렘은 유다 반란군이 세력을 잡고 있었으며 도망자나 탈락자를 처형할 정도로 격앙된 상태였다. 그런데 이런 상황에서 어떻게 그리스도인들만이 탈출할 수 있었는지 의심스럽기 때문이다. 더불어 그 후에 쓰인 신약 성경에는 펠라 이주를 암시하는 듯한 이야기나 펠라라는 지명이 나타나지 않는다. 그 때문에 설령 그들이 펠라로 옮겼다 하더라도 그곳에서 그들이 어떻게 생활했는지를 알 수 있는 단서는 전혀 없다. 따라서 세 가지 가정을 해 볼 수 있다.

첫 번째, 예루살렘의 제자들도 다른 유다인과 마찬가지로 예루살렘에 머물다가 지옥과 같은 전투와 학살 때 전멸했다거나, 그 가운데서 살아남은 이들이 근근이 자그마한 공동체를 이루어 갔다는 전승이다.

두 번째, 펠라가 아니라 예루살렘 남쪽의 유다 광야나 사해 근처로 피해 갔거나 이집트로 피신했다는 가정이다. 유다 광야는 옛날부터 유다인의 피신 장소로 쓰였다. 또한 초기 그리스도교 공동체에는 이 광야의 공동체인 에세네파의 영향이 짙게 남아 있기 때문이다. 이집트 역시도 구약 시대부터 유다인들의 피신처로 이용되었다. 이집트에서 그리스도교의 발전은 마르코 복음서의 저자로 여겨지는 마르코로 인해 이루어졌다는 전승도 있기 때문이다.

세 번째, 에우세비오의 설을 근거로 추측해 볼 수 있다. 전쟁이 시작되기 꽤 오래전에 위험을 느낀 제자들이 고향인 갈릴래아로 피난하던 도중, 이미 갈릴래아가 로마군에게 유린당했음을 알고 갈릴래아 남쪽의 펠라로 일시적으로 피신했다고 생각할 수도 있다. 그러다가 그 후에 로마군의 박해로 여기저기 흩어지게 되고, 일부는 갈릴래아로 돌아가 갈릴래아 교회를 위해 일했다고 추측할 수도 있을 것이다.

그러나 이는 모두 가정일 뿐이다. 확실한 것은 현존하는 자료 속에 그들의 모습이 보이지 않는다는 점이다. 예루살렘 제자들은 예수 사후에 베드로와 예수의 사촌인 야고보를 중심으로 하여 예루살렘에서 그리스도의 재림을 기다렸다. 그러나 그 이후 그리스도교 역사 속에서 자취를 감추었다. 그들이 어떠한 운명을 겪었는지는 몇몇 전승 이외에는 아무것도 전해지는 것이 없다.

확실한 것은 그들이 자취를 감춤으로써 이후의 초기 그리스도교 공동체는 이방인들을 중심으로 하는 각지의 교회를 축으로 움직이게 되었다는 점이다. 유다교라는 틀 안에서 성립되어 유다교의 일개 분파로 간주될 정도로 유다교적인 사고에 머물렀던 예루살렘의 제자들 무리는 소멸되거나 쇠퇴하게 되었다. 이로써 그리스도교의 성격은 180도 방향 전환을 이루게 되었다. 드디어 바오로가 온 힘을 기울여 투쟁했던 이방인 문제, 할례를 받지 않고 율법을 지키지 않는 이방인을 교회의 일원으로 받아들여야 하는가에 대한 문제는 자취를 감추게 되었다. 드디어 그리스도교가 유다교라는 틀을 벗어나 국경과 민족을 초월하여 세계적인 종교로 발전할 가능성을 지니게 된 것이다.

유다 전쟁은 유다교에는 사두가이의 쇠퇴라는 커다란 변화를 초래했다. 또한 초기 그리스도교에도 큰 영향을 미쳤다. 예루살렘의 제자들이 소멸됨으로써 엄격한 율법의 속박에서 해방된 것이다. 이전까지 예루살렘 교회에 속하여 그 지시를 따라야 했던 이방인 교회가 모두 실권을 쥐게 되었다.

그렇지만 이러한 면 외에 유다 전쟁이 초기 그리스도교에 끼친 근본적인 영향이 있다. 그것은 '하느님의 침묵에 절망할 것인가, 아니면 희망을 가질 것인가?'라는 문제였다.

여러 차례 이야기했듯이, 예루살렘 제자들의 신앙을 지탱한 근거 중 하나는 예수가 메시아로서 그들을 구원하기 위해 재림할 것이라는 희망이었다. 그러나 하느님은 베드로, 바오로, 야고보와 같은 지도자가 처참한 최후를 맞이했을 때도 침묵을 지켰다. 예수 또한 재림하지 않았다. 공동체 가운데는 하느님의 침묵에 실망한 이탈자가 속출했고, 남은 이들 역시 유다 전쟁 때의 지옥과 같은 모습을 잊을 수가 없었다. 예루살렘 성전은 유다인들뿐만 아니라 그리스도인들에게도 소중한 곳이었다. 그런 성전이 불타 버리고, 지성소도 잿더미가 되었다. 그런데도 하느님은 침묵을 지켰으며, 그리스도는 모습을 드러내지 않았다.

이는 초기 그리스도교에 가장 큰 시련이었다. 이 지옥 같은 비참한 상황 속에서 절망하지 않고 신앙을 유지하기란 너무도 힘들고 고통스럽기 때문이다. 이러한 경우에 방법은 두 가지밖에 없다. 하느님의 침묵과 모습을 드러내지 않는 그리스도에 대한 기대를 저버리고 공동체에서 이탈하거나, 아니면 그 침묵의 이유를 되물으며 신앙을 더욱더 굳게 간직하는 것이다.

'하느님은 왜 침묵하고 있는가?' 이 문제는 예수가 십자가에서 처형될 때 살아남은 제자들이 풀어야 할 근본적인 과제였다. 제자들은 예수의 부활과 재림을 그 해답이라고 생각했다. 그래서 예루살렘에 모여 공동체를 만들었다. 이 과제는 바오로, 베드로, 야고보가 순교할 때마다 당시의 신자들이 직면한 문제였다. 그리고 유다 전쟁으로 모든 것이 파괴된 후에는 초기 그리스도교가 풀어야 할 과제가 되었다. 그들은 '하느님이 왜 침묵을 지키고 있는가?'라는 수수께끼와 더불어 '그리스도는 왜 재림하지 않는가?'라는 새로운 수수께끼에 직면해야 했다.

따라서 나는 초기 그리스도교가 두 가지 문제로 인하여 고통을 겪었다고 생각한다. 풀기 힘든 두 가지 수수께끼와 과제를 세 차례나 마주하면서 초기 그리스도교 신앙이 나아가야 할 방향이 정해지게 되었다. 이 수수께끼는 그들을 위축시키고 절망시키지 않았으며, 오히려 신앙의 원동력이 되었던 것이다. 물론 이 수수께끼에 직면하여 기가 꺾이고 지친 나머지 이탈하는 이들도 있었다. 그러나 남은 이들은 여기서 신앙의 의미를 얻었다.

나는 '불합리하기 때문에 믿는다.'라는 신앙의 형식이 초기 그리스도교를 조직적인 쇠약에서 보호하고 활력을 불어넣었다고 생각한다. 종교가 조직화되고 체계화되면 신학이라는 이론으로 신에 대한 수수께끼를 풀고자 한다. 그래서 외적과 내적으로 인생과 세계에 대한 의문과 수수께끼가 모두 풀리는 그때야말로 쇠약해지고 부패하기 때문이다. 이는 중세 시대가 그리스도교 신학의 확립기이자 쇠퇴기이기도 했다는 점을 보더라도 알 수 있다. 그러나 초기 그리스도교는 인생과 세계에 대한 의문과 수수께끼를 풀 수 없었다. 그러기에 신앙은 쇠퇴하지 않고 다음 세대로 이어질 수 있었던 것이다.

'하느님은 왜 침묵을 지키고 있는가?'

'그리스도는 왜 재림하지 않는가?'

신자들은 이 두 가지 과제를 풀 수 없었기 때문에 고뇌하고 발버둥치며 괴로워했다. 그러나 이 고통은 신앙을 유지하고 오히려 더 굳건하게 하는 원동력이 되었다.

예수의 불가사의,
불가사의한 예수

서기 30년 봄, 예루살렘 성 밖의 바위투성이 언덕에서 한 남자가 처형되었다. 남자는 십자가에 달려 두 손과 두 발에 못이 박힌 상태로 세 시간 동안 고통스러워하다가 숨을 거두었다. 그의 어머니와 몇몇 여자들이 멀리서 그 죽음을 지켜보고 있었다. 생전에 함께 지내며 자신의 신념을 불어넣어 주고자 했던 제자들은 모두 그를 버리고 도망쳤다.

남자는 제자들이 자신을 저버리고 배신하리라는 것도 알고 있었다. 그와 함께 처형될 것을 두려워한 제자들은 자신들의 석방을 조건으로 스승을 팔았다. 반평생 동안 사랑한 제자들의 이런 행동은 그에게 큰 상처를 안겨 주었다. 하지만 오히려 그들을 위해 십자가 위에서 간절히 기도했다. 스승의 임종 모습을 들은 제자들은 비로소 자신들의 비겁함과 나약함을 깨닫고는 통곡했다. 양심의 가책에 시달린 그들은 고향인 갈릴래아로 돌아갔다가 다시 추억이 깃든 예루살렘에 모였다.

이것이 초기 그리스도교 공동체의 출발점이 되었다.

40년이라는 세월이 흘렀다. 그 40년 동안 초기 그리스도교 지도자들 간에는 이런저런 알력과 다툼이 있었고, 유다인에게 박해도 받았다. 그리고 40년이 지난 후, 그들이 머물던 예루살렘은 로마 군단의 맹공으로 모두 불타 버렸다. 예루살렘은 멸망했지만 그를 믿는 제자나 신자들은 유다 땅뿐만 아니라 서아시아나 그리스, 그리고 로마 제국의 도처에서 이 남자에 대한 믿음을 지켜 나갔다.

⌒

나는 초기 그리스도교의 짧은 역사를 되돌아보며 늘 여러 의문을 품게 된다.

첫 번째 의문은 자신들이 석방되는 조건으로 스승 예수를 저버리고, 이틀 동안 숨을 죽이며 숨어 있던 나약한 제자들이 그 이후에 어떻게 신앙에 의지하여 살아가게 되었는가 하는 점이다. 그들은 처음부터 강한 신념과 신앙의 소유자는 아니었다. 대부분은 갈릴래아 호수에서 어부 혹은 사람들에게 멸시받는 직업에 종사하고 있었다. 우리와 마찬가지로 고문과 죽음이 두려워서 변절하는 나약한 인간들이었던 것이다. 그렇기 때문에 그들은 자신의 생애에서 가장 소중한 사람을 저버렸으며 배신까지 했다. 그러한 겁쟁이들이 어떻게 강한 신념, 강한 신앙을 지니게 되었을까? 카야파 관저에서 예수를 모른다고 부인했던 베드로는 머지않아 로마에서 스승처럼 십자가형을 받아 순교한다. 전승에 따르면 베드로뿐만 아니라 다른 제자들도 모두 순교했다.

이러한 변화와 과정이 초기 그리스도교가 지니고 있었던 수수께끼이다. 그들은 어떻게 강해질 수 있었을까? 설령 그들의 순교가 전해지는 이야기에 불과할지라도 예수 사후에도 자신들이 저버렸던 스승을 계속 믿었고, 그로 인한 유다인의 박해를 견디어 냈다는 것은 사실이다. 그런 강인함이 도대체 어디서 생겨난 것일까?

스스로의 나약함으로 누군가를 배신했을 경우, 일반적으로 두 가지 중에 하나를 선택한다. 하나는 자기변명을 하는 것이다. 이로써 자신을 정당화하며 배신한 상대를 부정하거나 증오한다. 이런 모습은 일본의 초기 그리스도교 역사에도 나타난다. 고문과 죽음을 두려워하여 신앙을 저버린 배교자가 박해자 편에 가담하여 동료와 스승의 체포에 협력한 것이다. 또한 공산당에서 쫓겨난 이가 당을 증오하던 모습도 마찬가지라고 할 수 있다.

또 다른 하나는 변절자가 변절의 대상과는 전혀 관계없는 다른 세계로 도피하는 방법이다. 한때 학생 시절에는 당에 속했으나, 당국의 추궁을 받고 이탈한 후에는 이데올로기나 정치와 무관한 예술 지상주의에서 삶의 터전을 발견한 일본의 문학가들이 이러한 경우였다.

예수의 제자들은 어떠했는가? 그들은 예수의 체포부터 처형까지 이틀 동안 배신자, 변절자로 지내며 이에 대해 변명도 자기 정당화도 하지 않았다. 아니, 하지 않았던 것이 아니라 그렇게 할 수 없었던 것이다. 그 이유는 무엇일까? 물론 처음에는 그들도 자신을 정당화하고자 했을 것이다. 누군가를 변절했을 때 '어쩔 수가 없었다. 내게도 할 말이 있다.'라고 스스로에게 타이르듯이 합리화하고자 했을 것이다. 그러나 아무리 열심히 논리를 펴고 이치를 따져도 소용이 없었다. 그럴수록 자신들의 잘못과 비겁함을 강하게 느끼고 있었던 것이다. 그뿐만 아니라 모든 것을 알고 있으면서도 모든 것을 용서한 예수의 크나큰 애정 앞에서는 머리를 숙일 수밖에 없었다.

나는 성경을 읽을 때 배교자나 탈당자처럼 자기변명, 자기 정당화를 할 수 없었던 제자들의 심리를 생각하게 된다. 이는 예수가 어떠한 존재였는지 상상하는 데에 도움이 된다. 생전에 오해받았던 예수의 존재가 빛을 발하고, 제자들에게 새로운 의미로 받아들여진 것은 이때부터이다. 제자들은 생전의 예수와 함께 생활했으면서도 그의 가르침은 이해하지 못했다. 예수가 가르친 것은 '사랑의 하느님'이지만 사랑 그 자체는 유다교의 분위기 속에서 성장한 제자들에게는 파악하기 어려웠다. 유다교의 하느님은 배타적인 민족 신이자 자신을 배신하는 이를 벌하는 '분노의 신', '심판의 신'이었기 때문이다.

그러나 예수는 이 사랑을 말이 아니라 자신의 죽음으로 제자들에게 드러내었다. 십자가에서 바친 마지막 기도에서 그 사랑을 증명해 보였던 것이다. 제자들은 스승의 십자가 사건 앞에서 말을 잃었다. 자기변명, 자기 정당화도 불가능해진 것이다.

이날부터 그들은 자신들이 저버린 예수를 기억 속에서 지울 수가 없게 되었다. 잊어버리고 생각하지 않으려 할수록, 예수는 그들의 마음속에서 떠나지 않았다. 예수는 그들을 사로잡았다. 이런 의미에서 예수는 제자들의 마음속에서 다시 나타나고 부활했다. 그들은 고향 갈릴래아로 돌아가 이전에 하던 일을 다시 되찾았다. 그러다 다시 두세 사람씩 모이고, 가족을 동행하여 예루살렘에 모였다. 예수를 잊을 수 없었기 때문이다.

그들은 예루살렘에 모여 서로 이야기를 나누었다. 이때 무슨 이야기를 했을까? 그것은 내가 반복해서 언급한 하느님의 침묵, '예수가 참혹하게 죽어 갈 때 사랑의 하느님은 왜 침묵을 지키고 계셨는가?'에 관한 것이었다. 공관 복음서에 따르면, '하느님의 침묵'이라는 문제가 제자들에게 가장 고통스러운 수수께끼였음은 확실하다. 예수는 제자들에게 이 수수께끼를 남긴 채 떠나갔다. 그는 해답은 가르쳐 주지 않았으나, 수수께끼를 해결할 자유를 부여한 채 떠났다. 예수는 오늘날의 모든 이에게 이 수수께끼를 남기고, 여기에 답할 자유를 부여한다. 어떤 이는 하느님이 침묵하는 것이 아니라, 아예 존재하지 않는다고 생각할 수 있다. 어떤 이는 하느님은 예수가 말한 사랑의 하느님이 아니라고 주장할 수도 있다. 예수는 이러한 자유를 인간에게 부여한 채 떠난 것이다.

제자들이 예수의 죽음이 제기한 엄청나고 헤아릴 길 없는 수수께끼 투성이 과제를 두고 얼마나 고뇌하며 답하려고 했는지에 관해서는 이미 언급하였다. 그리고 그들이 예수가 생전에 했던 말이나 가르침으로, 혹은 예언자의 예언에서 이 수수께끼를 해결할 실마리를 발견하려고 했던 것은 당연할 것이다.

　　　　　　　　　　　☓

　초기 시대의 제자들은 해답의 실마리를 찾기 위해 유다교의 회당을 이용하여 그들이 보고 들은 예수의 행동이나 사건을 전했다. 동시에 생전에 예수가 했던 말을 되새겼으며, 특히 그들에게 수수께끼였던 예수 수난의 장면에 대해 자세한 이야기를 나눴다. 이 과정에서 그들은 단순히 추억이나 사실을 이야기하는 것에서 그치지 않았다. 예수의 비극적인 죽음의 수수께끼를 풀기 위해 예언자들의 예언을 예수와 연결시켰다. 예수의 수난에는 하느님이 부여한 깊은 의미가 있고, 하느님의 의지가 작용했던 것이라고 이야기하기 위해서였다. 또한 자신들의 신앙을 사람들에게 납득시키려 예언자의 예언과 예수 수난을 조화시키려고 했던 것이다. 오늘날 우리가 읽는 복음서의 예수 수난 이야기는 사실 그대로를 적은 것이 아니다. 이는 예언서의 구절과 오버랩 되도록 구성되어 있다는 점은 이미 《예수의 생애》에서 지적한 바 있다. 그 이유는 제자들이 자신에게 주어진 수수께끼를 예언서의 말로서 풀려고 애쓴 흔적이 복음서에 남아 있기 때문이다.

　한 가지 예를 들어 보자. 죽음을 결의한 예수는 파스카를 맞아 예루살렘에 올라간다. 이때 복음서에는 나귀를 타고 군중의 환호를 받았다고 기록되어 있다.[1] 이는 즈카르야서 9장 9절의 예언이 오버랩 되어 있는 것이다.

"딸 시온아, 한껏 기뻐하여라. 딸 예루살렘아, 환성을 올려라. 보라, 너의 임금님이 너에게 오신다. 그분은 의로우시며 승리하시는 분이시다. 그분은 겸손하시어 나귀를, 어린 나귀를 타고 오신다."[2]

예수가 예루살렘 입성 때에 나귀를 탔는지는 확실치 않다. 그러나 사실이 아니라 하더라도 회당에서 예수의 생애나 수난의 모습을 이야기하던 제자들은 즈카르야서 9장 9절의 말을 도입하지 않을 수 없었던 것이다. 왜냐하면 그들에게 있어 생전의 예수는 예언서에 쓰여 있듯이 "의로우시며 승리하시는 분"이었기 때문이다.

이 대목에는 온유한 예수와 나귀의 이미지가 오버랩 되어 있다. 주인에게 순종하며 무거운 짐을 짊어진 나귀, 채찍질을 당하고 걷어차이지만 눈물을 흘리면서 견디는 나귀. 시인 프란시스 잠은 이러한 나귀를 그의 시에서 즐겨 노래했다. 나귀의 온화한 이미지와 수난당하는 예수의 모습은 제자들의 마음에 오버랩 되어 즈카르야서의 이 구절이 도입되었다. 그리고 훗날 복음서에 기록되었던 것이다.

이미 《예수의 생애》에서 썼듯이 수난 이야기 가운데서 그 몇 가지 예를 열거할 수 있다. 도표의 왼쪽 부분은 신약의 수난 이야기에서 인용한 것이고, 오른쪽 부분은 이에 상응하는 구약의 내용이다.

신약	구약
빌라도는 …… 예수님을 채찍질하게 …… 군사들은 …… 갈대로 그분의 머리를 때리고 침을 뱉고……[3]	나는 매질하는 자들에게 내 등을, 수염을 잡아 뜯는 자들에게 내 뺨을 내맡겼고 모욕과 수모를 받지 않으려고 내 얼굴을 가리지도 않았다.[4]
예수님을 조롱하고 나서 자주색 옷을 벗기고 그분의 겉옷을 입혔다.[5]	제 옷을 저희끼리 나누어 가지고 제 속옷을 놓고서는 제비를 뽑습니다.[6]

이렇게 보면, 예수의 수난 이야기가 사실 그대로가 아니라 창작된 것이라고 볼 수도 있다. 그러나 이것만으로는 의미가 없다. 나는 오버랩 된 이러한 대목을 보면서, 예수의 수난과 죽음에 대한 '하느님의 침묵'이라는 문제를 필사적으로 해결하고, 그 실마리를 예언자의 말에서 찾아내려는 제자들의 눈물겨운 노력을 떠올린다. 제자들은 이 눈물겨운 노력으로 오랫동안 예언자들이 이야기해 온 박해받는 유다인과 외세에 유린당하는 이스라엘이 다름 아닌 예수를 뜻한다고 받아들였다. 그리고 지금 박해받는 이스라엘과 유다인이 다시 영광을 누리게 될 것이라는 하느님의 약속을 스승 예수에 대한 하느님의 약속으로 받아들였다.

수난의 이스라엘이 영광의 이스라엘로 바뀌듯이, 수난의 예수는 이윽고 영광의 예수로 바뀐다. 제자들은 하느님이 이러한 영광을 부여하기 위해 예수에게 십자가형이라는 고통을 내렸다고 생각하게 되었다. 예수는 영광스러운 빛의 옥좌에 앉은 메시아로서 이 지상에 언젠가는 모습을 드러낼 것이다. 때문에 예수와 자신들은 잠시 헤어져 있는 것이고, 이윽고 그 스승을 볼 날이 온다. 이것이 그들의 신앙이 되었다. 물론 이 단계에서 제자들이 예수를 이미 신격화하고 있었는지는 정확히 알 수 없다. 빌헬름 부세와 같은 신학자는 이 점을 부정하며, 예루살렘의 제자들 가운데서 예수는 아직 '주님'이나 '그리스도'로 불리지 않았다고 단언한다. 제자들이 지니고 있던 신앙은 예수의 재림뿐이었다고 보는 것이다.

예루살렘의 제자들이 처음부터 예수를 신격화하지는 않았다는 점은 분명하다. 그 과정을 요약해 보자. 그들은 처음에 자신들에게 제기된 '하느님의 침묵'이라는 수수께끼와 마주하며 예수의 영광스러운 재림이라는 해답을 얻게 되었다. 그리고 영광스러운 예수를 구름을 타고 나타날 '사람의 아들'이라는 칭호로 불렀다. 이 칭호가 서서히 메시아로 바뀌고, '메시아는 다윗의 후손에서 나온다.'라는 유다교 전승 때문에 예수를 다윗의 후손으로 생각하게 되었던 것이리라.

결국 예수는 최초에는 하느님에게 선택된 뛰어난 예언자이자 랍비였으며, 평생에 걸친 노력과 수난, 참혹한 죽음의 대가로 하느님의 아들이라는 자격을 받았다. 이것이 초기 제자들의 생각이었다. 이를 입증할 자료는 부족하지만, "하느님께서는 여러분이 십자가에 못 박은 이 예수님을 주님과 메시아로 삼으셨습니다."[7]라는 베드로의 말이 이를 드러낸다.

그렇지만 이미 언급했듯이 제자들의 초기 예수관은 바오로에 의해서 더욱더 발전되었다. 바오로는 생전의 예수를 알지 못했다. 그는 예루살렘에서 도망치는 신자들을 추적하며 그들의 믿음으로부터 그리스도의 존재를 깨달았다. 바오로가 전한 것은 예수가 아니라 그리스도였으며, 그의 관심은 인간 예수가 아니라 그리스도에 있었다. 바오로에 따르면 그리스도는 이 세상에 태어나기 전부터 하느님의 창조라는 신비에 참여하고, 하느님과 인간과의 단절을 메우기 위해 하늘에서 파견된 '하느님의 아들'이다. "그분은 보이지 않는 하느님의 모상이시며 모든 피조물의 맏이이십니다."[8], "그분 십자가의 피를 통하여 평화를 이룩하시어 땅에 있는 것이든 하늘에 있는 것이든 그분을 통하여 그분을 향하여 만물을 기꺼이 화해시키셨습니다."[9]라는 말이 이를 보여 준다.

분명히 이 구절에는 예루살렘의 제자들이 생각하지도 못했던 비약적인 그리스도관과 그리스도의 이미지가 있다. 또한 이미 예수를 인간 예수가 아니라 신적인 그리스도로 섬기고 있다. 바오로가 속죄자로서의 그리스도관을 어디서 얻었는지는 확실히 알 수 없다. 예루살렘에서 피신하여 각지로 흩어진 신자들은 서서히 예루살렘의 제자들과는 다른 예수관을 지녔는데, 이를 바오로가 넘겨받게 되었다. 그는 이를 신앙의 도가니 속에서 거르고, 두드리고, 굳혔다. 그리고 마침내 자신만의 신학을 만들어 냈다.

4월의 봄, 골고타 언덕에서 처형된 예수는 죽은 지 10년 후에 이미 신격화되기 시작했다. 더욱이 놀랄 만한 것은 그는 제자들과 신자들에게 이상적인 인간(예를 들어 석가모니처럼), 이상적인 신앙자(예를 들어 다른 종교의 창시자처럼)가 아니라 신앙의 대상 그 자체가 되었다. 이는 세계 종교 가운데서 유례가 없다.

그리스도교 문제의 핵심은 여기에 있다. '예수가 신자들에게 신격화되었기 때문에 그리스도가 되었는가? 아니면 바오로가 생각했듯이 인간이 그를 신격화한 것이 아니라, 세상에 예수라는 이름으로 태어나기 전부터 신적인 존재였는가?'

이 핵심을 언급하기 전에 알아야 할 것이 있다. 분명히 예수는 로마 점령하에 있던 유다의 한 예언자 또는 평범한 랍비에 지나지 않았다. 오래전부터 유다 사회에서 랍비는 흔한 존재였다. 요한 세례자도, 쿰란 공동체의 의로움의 교사도 랍비였다. 하지만 죽은 후에 예수처럼 신격화되지는 않았다. 또한 유다 역사에는 자칭 메시아라고 하는 이들이 사람들의 열광적인 환영을 받기도 했으나 물거품처럼 사라졌다. 그리고 예언자의 말을 하느님의 말씀으로 받아들이기는 했지만, 결코 예수처럼 신격화되지 않았고 신앙의 대상도 되지 않았다.

이러한 사실을 알게 되면 왜 예수만이 신적인 존재로 높여졌는지 의문을 품게 될 것이다. 그 이유는 무엇인가? 아무도 이에 대해 답할 수 없다. 그러나 예수가 생애 동안 자신이 마주쳤던 사람들에게 결정적인 흔적을 남겼음은 확실하다. 만일 그렇지 않았다면, 자칭 예언자들처럼 쉽게 잊혀지진 않았겠지만 기억 속에 희미하게 남겨지고 말았을 것이다. 그렇지만 예수의 경우는 다르다. 그는 제자들과 갈릴래아 민중의 마음에 단순한 회상이나 추억이 아닌 더욱 결정적인 무언가를 남겼다. 그런데 그 결정적인 무언가는 불행하게도 문자로 기록된 복음서만으로는 알 수가 없다. 그것은 하나의 강렬한 인격이 다른 이에게 주는 충격이다. 이는 말로는 도저히 표현할 수 없는 것이리라. 그렇지 않다면 그는 사람들의 기억 속에 평범한 예언자, 평범한 랍비로만 기억되었을 것이다. 예수에게는 훌륭한 예언자, 훌륭한 랍비와는 다른 별개의 무언가가 있다. 제자와 민중으로 하여금 그를 초인간적인 존재로 생각하게 만드는 요인으로 작용하지 않았다면 예수는 신격화되지 않았을 것이다.

이와 더불어 다음과 같은 것도 알아 두어야 한다. 예수에 관한 여러 가지 전설이나 신화는 그의 사후 10년도 채 안 되는 사이에 생겼다는 점이다. 그 많은 부분을 복음서 속에서 볼 수 있다. 어떤 무신론자나 그리스도교 반대자도 예수의 부활과 기적에 관한 내용이 오랜 세월에 걸쳐 만들어진 것이 아니라, 그의 사후에 얼마 되지 않아 사람들 사이에서 이야기되었다는 사실은 부정할 수 없다. 이는 사도행전이나 바오로 서간의 연대를 조사해 보면 잘 알 수 있다. 바꿔 말하면, 예수를 직접 대하고 그의 가르침을 직접 들은 이들이 아직 많이 생존하고 있을 당시에 이미 예수를 신앙의 대상으로 하는 신화가 믿어지고 있었던 것이다.

일반적인 신화의 성립 과정을 생각해 보면 이러한 사실은 참으로 불가사의할 뿐이다. 보통 신화란 단기간 내에 생기지 않는다. 신화는 오랜 세월에 걸쳐 발효하는 술처럼 긴 시간의 흐름 안에서 만들어지기 때문이다.

그렇다면 왜 예수의 경우에만 이렇게 되었을까? 왜 예수의 신화는 다른 종교 창시자의 신화나 전설과는 달리 그의 사후에 빠르게 퍼져나갔을까? 물론 나는 이에 답변할 능력이 없다. 그러나 생전의 예수에게 이 같은 신화를 생성케 한 무언가가 없었더라면 그에 관한 이야기들도 전해지지 않았을 것이다. 이 무언가를 나는 'X'라고 표현하도록 하겠다. 그리고 그 X는 역시 복음서만으로는 알 수 없다. 언어로는 성스러운 것을 완전히 표현할 수 없기 때문이다.

또한 당시 유다 지방에서는 한 사람을 신격화한다는 것이 어려운 일이었다. 사막의 종교인 유다교는 범신론적인 그리스나 일본과는 다르다. 유다교는 많은 신을 섬기는 것을 절대로 용납하지 않았다. 하느님이 모세를 통해 자신 이외의 어떤 것도 섬기지 말도록 엄격하게 금했기 때문이다. 그래서 하느님 이외의 어떠한 것도 섬기지 못하도록 엄격히 금하고 있던 유다 지방에서 어떤 사람이 신격화된다는 것은 거의 불가능에 가깝다.

예수의 제자들이 유다교의 사고 틀 안에서 자신들이 안고 있는 수수께끼를 풀고자 한 것도 유일신인 하느님을 믿고 있었기 때문이다. 따라서 예수에 대한 제자들의 흠모가 아무리 깊다 하더라도, 예수를 신앙의 대상으로 떠받들기까지는 유다인으로서 커다란 심리적 저항이 있었음에 틀림없다. 그럼에도 불구하고 그들은 이런 심리적인 저항을 극복했다.

예수는 '사람의 아들', '하느님의 아들'이 되었다. 존경의 대상으로서뿐 아니라 신앙의 대상으로서 높여지기에 이르렀다. 이는 유일신을 믿어 온 유다인 가운데서는 처음 있는 일이다. 모세도, 엘리야도, 다윗도 결코 이처럼 신격화되지는 않았다. 그 이유가 무엇인지는 정확히 알 수 없다. 하지만 만일 예수에게 그 자신 고유의 X가 없었다면, 아무리 제자들이라고 해도 독성 행위와 다름없는 모험을 단행하지는 않았을 것이다.

예수가 죽은 후에 그리스도로 떠받들기 전까지의 짧은 역사를 살펴보며 마주하게 되는 것은 결국 '왜?'라는 의문과 예수가 지닌 X이다.

이 의문을 솔직하고 겸허하게 생각할 때, 다음과 같은 결론에 도달하게 된다. 분명히 예수를 그리스도로까지 들어 높인 것은 제자들과 초기 그리스도교 공동체의 신앙이다. 예수는 그들로 인해 인간을 초월한 존재로 신격화되어 갔다. 예수는 '사람의 아들', '메시아'라고 불렸으며, '하느님의 아들', '그리스도'가 되었다. 그러나 제자들이 일방적으로 예수를 하느님의 아들로 여겼던 것은 아니었다. 예수 안에 이에 상응하는 X가 있었기 때문이다. 그래서 뭇 예언자들과 다른 차원으로 높여졌다. 사람들은 예수를 거룩한 존재로 여겼다. 그에게는 그렇게 여겨질 만한 그 무엇이 있었다. 초기 그리스도교 역사에서 또 하나의 문제는 제자나 신자들의 신앙의 대상이 된 그리스도가 그들의 기대와 바람에 응할 수 없었다는 점이다.

제자들은 자신들에게 제기된 '하느님의 침묵'이라는 수수께끼를 풀기 위해 예수의 재림을 생각하기에 이르렀다. 그들은 십자가에서 비참하게 죽은 예수가 이윽고 영광의 그리스도로서 다시 이 지상에 나타나리라 생각했다. 이 희망은 그들의 신앙이 되었고, 결속의 이유가 되었다.

하지만 그리스도는 나타나지 않았다. 제자들이 유다인들에게 박해를 받고, 스테파노가 처형당하고, 많은 신자들이 예루살렘을 버리고 각지로 피신했을 때도 나타나지 않았다. 박해자들이 야고보를 성전 성벽에서 밀어 떨어뜨렸을 때도, 로마의 대군단이 재차 팔레스티나를 유린하고, 예루살렘이 공포와 굶주림 속에서 포위되었을 때도 나타나지 않았다. 제자들의 기대는 모두 배신당했다.

그런 와중에 이탈자도 생겼다. 이미 언급했듯이 그리스도의 재림을 기다리는 데 지친 신자들은 유다교로 개종했다. 남은 이들은 예루살렘을 떠나 펠라로 피신했다. 그들이 신앙을 회복하기 위해 무엇에 마음을 의지했는지에 대해서는 전해지지 않는다.

이렇게 해서 초기 그리스도교에서 '그리스도는 왜 재림하지 않는가?'라는 과제와 더불어 '하느님은 왜 침묵을 지키고 있는가?'라는 과제도 미완으로 남게 되었다. 한때 그들은 하느님이 침묵을 지킨 것이 아니라고 생각했다. 하느님은 예수를 '하느님의 아들'이라는 영광스러운 지위로 들어 높여, 그를 이 세상에 다시 보내기 위해 십자가 위에서 고통스러운 죽음을 맞게 하였다고 믿었다. 이로써 제자들은 '하느님의 침묵'에 대한 답을 얻었다고 생각했다.

하지만 그리스도는 결국 재림하지 않았다. 그 때문에 하느님의 침묵이라는 과제는 다시 수수께끼가 된다. 더욱이 유다인들의 박해로 스테파노와 지도자 야고보가 처형당했고, 로마에서는 베드로가 처형당했다. 바오로 또한 옥중에서 신음하다가 비참한 최후를 마쳤다. 하지만 하느님은 골고타 언덕에서 그러했듯이 구원의 손을 뻗치지 않았고, 그저 침묵할 뿐이었다. 그들은 해답을 얻었다고 생각했으나 실은 아니었다. 제자들은 다시 생각해야 했다. 하느님은 왜 침묵하였는지, 예수의 처참한 죽음, 그리고 야고보, 베드로, 바오로의 처참한 죽음에는 무슨 의미가 있는지를 생각해야 했다.

당시 초기 그리스도교에 이 이상의 시련은 없었다. 그들이 이런 모순과 불합리와 수수께끼를 앞에 두고 절망하지 않았다면 참으로 놀랄 만한 신앙이다. 시련 속에서도 예수를 계속 믿으려고 했다면 예수는 도대체 어떠한 인물이고, 어떠한 존재였던 것일까? 이것이 내가 초기 그리스도교의 짧은 역사를 대할 때 품게 되는 의문이다.

그들은 시련 속에서도 예수를 잊을 수가 없었다. 기대와는 달리 그리스도가 재림하지 않았지만 그리스도를 계속 믿었다. 예수를 생각하지 않고서는 살아갈 수 없게 된 것이다. 예수는 그들을 붙잡고 놓아주려 하지 않았다. 이런 의미에서 예수는 이미 부활하였다. 그리고 한 사람 한 사람의 인생 밑바닥에, 한 사람 한 사람의 마음속에 재림하였다. 초기 그리스도인들은 이를 알아채지 못했다. 그리고 오랜 세월이 지난 후에야 그 사실을 깨닫게 될 것이다.

갈릴래아에서 성장하고, 훗날 예루살렘 성 밖에서 처형당한 야위고 손발이 가는 한 남자가 있다. 무력했던 그는 생전에 사랑만을 이야기하고, 사랑만으로 살며, 사랑이신 하느님의 존재를 증명하려고 했다. 그는 봄볕이 강하게 내리쬐는 어느 날, 골고타 언덕에서 죽음을 맞았다. 그는 겁쟁이였던 제자들을 신념에 찬 사도로 변하게 했으며, 그리스도라 불리게 되었다. 뿐만 아니라 인간의 영원한 동반자가 되었다.

"세상 끝 날까지 나는 너희와 함께 괴로워할 것이다."[10]

인간이 어떤 사상을 품고 있든 내면세계는 변치 않는 영원한 동반자를 추구한다. 철학자 블레즈 파스칼은 어느 날 밤 기도하던 중에 예수의 음성을 들었다.

"내가 없었다면……. 나를 찾는 일이 없을 것이다."

인간이 고독을 가볍게 여기지 않고 진지한 자세로 대하여 내면과 마주한다면, 자신의 영혼이 반드시 어떤 존재를 찾고 있음을 알게 될 것이다. 사랑에 실망한 사람은 배신하지 않을 존재를 찾는다. 나의 슬품을 헤아려 줄 이가 없어 절망하고 있는 이는 자신을 이해해 줄 그 누군가를 찾는다. 이는 감상도 어리광도 아니다. 다른 이에 대한 인간의 조건이다.

때문에 인간의 존재와 역사가 계속되는 한, 인간은 영원한 동반자를 계속 찾을 것이다. 예수는 언제나 인간의 이러한 간절한 기대에 답했다. 역사 속에서 그리스도인들은 많은 죄를 범했고, 그리스도교 역시 때로는 과오를 범했다. 하지만 그럼에도 인간이 계속 예수를 찾는 것은 이러한 이유 때문이다.

나는 초기 그리스도교의 짧은 역사를 바라보며 부정하려 해도 부정할 수 없는 예수의 불가사의함과 불가사의한 예수의 존재와 직면한다. 왜 이런 무력했던 남자가 모든 사람에게 잊히지 않는 존재가 되었던 걸까? 개처럼 죽임을 당한 이 남자가 어떻게 신앙의 대상이 되어 삶의 방식을 변하게 했던 걸까? 예수의 불가사의는 아무리 합리적으로 해석하려고 해도 해결할 수 없는 신비이다. 이 신비야말로 이번에도 내가 쓸 수 없었던 '예수와 예수의 제자 이야기'의 X이다.

저자 후기

《그리스도의 탄생》은 잡지 《신쵸新潮》에 연재한 〈예수가 그리스도로 되기까지〉를 가필하고 수정한 것이다. 나는 5년 전, 《예수의 생애》를 출판했을 때 이런 생각에 이르렀다. 예수를 버리고 도망친 제자들이 예수를 잊어버리기는커녕, 하느님의 아들 그리스도로 믿기까지의 과정을 쓰지 않으면 《예수의 생애》도 완결되지 않는다고 말이다. 예수는 현실에서 무력했고, 비참한 죽음을 맞았다. 예수는 사후에 근본적인 가치 전환으로 제자들을 비롯한 자신을 믿는 이들에게 굳건한 신앙을 불어넣어 주었다. 나는 이 과정을 돌아보고자 했다.

하지만 작품을 쓰면서 제자들의 인간적인 면모에 애정을 느끼게 되었다. 베드로의 우유부단함, 강인함으로 인해 거만해져 자신도 모르는 사이 타인에게 상처를 입히고 있는 바오로. 사도들은 이런 인간적 약점을 지녔다. 그러기에 때로는 서로 반발하기도 했다. 그리고 이러한 약점이 그들의 신앙과도 연결되었던 것이다.

《예수의 생애》와 《그리스도의 탄생》을 끝마치며 솔직히 어깨의 무거운 짐을 내려놓은 듯한 느낌이 든다. 하지만 동시에 이 작품을 씀으로 해서 더욱더 이 마지막 장에서 언급한 '예수의 생애'의 수수께끼를 생각하지 않을 수 없는 심경이다.

필시 문학잡지에는 어울리지 않는 이 연재를 게재해 준 《신쵸新潮》 편집부와 출판부에 깊은 감사를 드린다.

1978년 7월

엔도 슈사쿠 遠藤周作

역자 후기

 엔도 슈사쿠는《예수의 생애》발표 5년 뒤인 1978년에《그리스도의 탄생》을 발표한다. 그의 말을 빌리자면 "예수를 버리고 도망친 제자들이 예수를 잊어버리기는커녕, 하느님의 아들 그리스도로 믿기까지의 과정을 쓰지 않으면《예수의 생애》도 완결되지 않는다."고 생각했기 때문이다.

 예수는 어떻게 그리스도가 될 수 있었을까? 엔도 슈사쿠가 다른 작품이나《예수의 생애》에서 그린 예수 상은 극히 무력한 인간의 모습으로, 기적을 원하는 군중에게 기적 대신 그들의 고통을 나누며 위로하고 함께하는 동반자의 모습이다. 그러나 기적을 원하는 군중은 자신들의 현실적인 기대가 예수를 통해 이루어지지 않음을 알고 등을 돌린다. 예수의 죽음은 그렇게 이루어졌다. 십자가에 매달린 예수가 숨이 끊어지는 순간에도 스승을 따르던 제자들의 모습은 찾아볼 수 없었다. 그러한 예수가 사후에 어떻게 그리스도가 될 수 있었을까? 이는 예수에 대한 제자들의 재인식과 참회에서 출발한다. 엔도 슈사쿠는 죽음을 맞이한 예수와 그의 제자들에 대해 다음과 같이 이야기한다.

예수의 수난을 방관하고 있던 제자들은 두려워하고 있었다. 스승을 배반한 자신들을 용서하지 않을 것이라고 생각했다. 왜냐하면 어떤 선한 이라도 자신을 배반했다면 용서하지 않기 때문이다. 그러나 예수는 제자들을 원망하는 말은 한마디도 하지 않았다. 오히려 "아버지, 저들을 용서해 주십시오. 저들은 자기들이 무슨 일을 하는지 모릅니다."[1]라고 말했다. 제자들은 충격을 받았다. 생각지도 못했던 말이었다. 그리고 십자가 위에서 참을 수 없는 고통을 받으면서도, 자신을 버린 제자들을 사랑하려고 한 예수를 경험하게 되었다. 자신들이 고통받는 스승을 배반했는데도 이에 대해 묻지 않았다. 더욱이 그는 자신의 고통과 죽음 앞에서도 침묵을 지키고 있는 하느님에게 "아버지, '제 영을 아버지 손에 맡깁니다.'"[2]라는 말을 남기고 숨을 거두었다.

자신들이 처형당할 것을 두려워한 나머지 예수를 버리고 도망쳤던 제자들. 그러나 이러한 배신을 알면서도 모든 것을 용서한 스승의 크나큰 사랑으로 지금까지 깨닫지 못한 예수의 모습을 재인식하게 되었다. 이 재인식이 제자들의 삶을 변화시킨다. 그리고 그 변화로서 예수는 비로소 제자들 마음속에 그리스도로 부활하게 된 것이다. 또한 이러한 제자들의 고백이 바로 초기 그리스도교의 출발점이 되었다.

《그리스도의 탄생》은 엔도 슈사쿠의 문학 세계에서 매우 중요한 위치를 차지한다. 《예수의 생애》 역자 후기에서 이미 언급했듯이, 초기 엔도 슈사쿠의 문학은 부성적 신관을 지니고 있었다. 그러다 동반자 예수를 매개로 하면서부터 모성적 신으로 바뀌기 시작하였다. 그리고 《그리스도의 탄생》에서 "그리스도를 세상에 보낸 것이 하느님이고, 하느님은 인간과 화해하기 위해 그리스도를 세상에 태어나게 했다. 그리고 죄 없는 예수의 죽음이 구원의 길을 열었다."라고 하는 사랑 때문에 죽은 예수를 매개로 하느님을 재인식하게 된다.

여기에서 엔도 슈사쿠 초기 문학에서 인간의 죄를 단죄하고 심판하는 부성적 신관은 완전히 사라진다. 그리고 "하느님은 인간과 화해하기 위해 그리스도를 세상에 태어나게 했다. 그리고 죄 없는 예수의 죽음이 구원의 길을 열었다."라는 사랑의 하느님에 이르게 된다. 다시 말해 동반자 예수를 매개로 한 '모성의 신'을 거쳐서 '사랑의 신'에 도달하게 된 것이다.

또한 이 작품에서 간과할 수 없는 것은 바오로가 제기한 이방인 선교의 문제이다. 초기 그리스도교 공동체는 예수와 함께 공생활을 했던 직제자들과, 유다교에서 개종해 생전의 예수를 한 번도 만나지 못했던 바오로로 구성되었다. 선교 방식 또한 유일신적 구조인 유다교 안에서 선교를 한 직제자들과, 범신적 세계인 그리스나 이방인 선교를 목표로 한 바오로로 나뉜다. 이는 엔도 슈사쿠 문학의 정체성을 규정짓는 역할을 하게 된다. 그가 왜 이 문제에 민감할 수밖에 없었는지는 다음의 내용을 통해 알 수 있다.

> 일본인 신자인 나는 바오로가 선교 여행 중 아테네에서 겪은 실패를 보며 많은 생각에 사로잡힌다. 물론 이는 그리스인과는 다른 형태이긴 하다. 그러나 범신론적 세계에서 살아온 일본인은 이를 이해할 수 있다. 일신론을 주장한 바오로의 신학을 마음속에서 받아들이는 것이 얼마나 어려우며, 일신론을 받아들이기까지는 참으로 오랜 세월이 필요한지를 말이다. 그러기에 아테네에서 바오로가 겪은 이 일이 남의 일처럼 느껴지지 않는다.

엔도 슈사쿠가 바오로의 이방인 선교에 관심을 가질 수밖에 없었던 것은 일본이라는 나라가 지닌 범신성 때문이었다. 엔도 슈사쿠 문학의 핵심은 서양의 종교가 동양, 즉 범신적 세계 속에 어떻게 뿌리내릴 수 있는가이다. 이를 고민해 온 엔도 슈사쿠로서는 바오로의 이방인 선교가 커다란 문제로 인식될 수밖에 없었다.

  그래서 그는 범신적 세계인 일본에서 가톨릭 작가로 살아가는 자신의 딜레마를 이 문제 안에서 조명하려 했다. 그리고 마침내 이 문제의 답을 마지막 작품인 《깊은 강》에서 내리게 된다. 《깊은 강》에서 나름대로의 답을 찾기까지 자신의 여생을 바친 것이다.

끝으로 《그리스도의 탄생》의 초판은 1978년 신쵸샤에서 발간되었고, 《예수의 생애》와 《그리스도의 탄생》의 합본인 《예수 · 그리스도》가 1983년에 발간되었다. 본 번역서는 합본인 《예수 · 그리스도》를 원본으로 하였으며, 저자 후기는 1978년 초판에서 가져왔다.

2003년 10월
역자 이평춘

미주

미주

예수의 죽음

1　요한 6,66

2　루카 22,36

3　마태 26,51

4　오늘날의 달력으로는 3월 중순부터 4월 중순에 해당된다.

5　루카 22,44

6　요한 복음서나 루카 복음서에 비해 오래된 마르코 복음서나 마태오 복음서에는 베드로가 예수를 부인한 이야기가 강하게 묘사되어 있다. 마르코 복음서와 마태오 복음서에는 베드로가 예수를 모른다고 잡아떼며 맹세까지 한다. 하지만 루카 복음서나 요한 복음서에는 그렇게 강하게 부인하지 않은 것으로 묘사되어 있다. 이는 분명히 마르코 복음서나 마태오 복음서에 비해 나중에 기록된 요한 복음서나 루카 복음서가 초기 그리스도교 공동체의 지도자인 베드로의 입장을 고려했기 때문일 것이다.

7　마태 26,57-75

8　요한 18,15-16

9　마르 15,34

10　시편 22,2

11　시편 22,23

12　시편 31,6

13　시편 31,6

14　루카 23,43

15　루카 23,34

16　요한 19,28

17　요한 19,30

18 루카 23,34

19 루카 23,34

20 루카 23,46

21 마태 27,54

고통스럽고 긴 밤

1 마르 16,1-8
2 루카 24,36-49; 요한 20,19-23
3 루카 24,13-35
4 요한 21,1-14
5 루카 24,13-35
6 당시 유다인들의 사고방식으로 십자가에 달려 죽는다는 것은 하느님의 저주를 받았다는 의미이다.
7 루카 24,33
8 마르 8,31
9 마르 9,31
10 마르 10,33-34
11 마르 9,12
12 루카 17,24-25
13 루카 22,22
14 마르 10,45
15 마르 9,32
16 이사 52,13-15; 53,3-12
17 이사 52,13
18 이사 53,3
19 이사 53,6
20 이사 53,7

21 이사 24,4

22 이사 26,9

23 이사 26,19

24 다니 12,2

25 마르 6,14

26 이집트 신화에서 모트는 죽음의 신이고, 가뭄의 신은 세트이다. 하지만 원문에서는 가뭄의 신이 모트로 기록되어 있다. 이는 잘못된 표기로 여겨진다. — 역주

27 1코린 15,6

28 예수가 죽은 후에 나타난 것을 표현하는 그리스도교의 용어를 말한다.

29 루카 24,13-35

30 루카 24,36-43;요한 21,1-14

31 루카 24,15

갈릴래아에서 예루살렘으로

1 가톨릭에서는 이들을 이종사촌으로, 프로테스탄트(개신교)에서는 친형제로 본다.

2 마르 3,21.31;요한 7,1-5

3 이사 26,19

4 마태 28,17

5 예수 사후에 예수를 목격했다는 표현은 그 어법으로 보아 눈으로 본 것이 아니라, 하느님께로부터 계시를 받았다는 종교 체험을 가리킨다.

6 마르 3,17

7 요한 1,44

8 요한 2,12

9 마르 3,21.31

10 요한 7,5
11 마르 2,27
12 루카 21,6
13 마태 28,16
14 루카 19,42
15 사도 1,14
16 사도 2,46
17 사도 5,12
18 당시 사람들은 초기 그리스도인들을 이렇게 불렀다.
19 요한 10,23

탄압 사건과 최초의 분열

1   사도 2,47
2   사도 4,17
3   사도 5,28
4   사도 5,38-39
5   호세 3,5
6   예레 30,9
7   마태 1,1
8   다니 7,13-14
9   요한 2,20
10 마르 13,1
11 요한 2,14-16
12 사도 6,1

강한 스테파노, 약한 베드로

1   마르 2,27

2　요한 2,19

3　사도 6,7 이하

4　사도 6,9

5　사도 7,47-50

6　2사무 7,4.6

7　사도 6,12

8　사도 7,58

9　사도 7,59-60

10　루카 23,46

11　루카 23,34

12　사도 7,60

13　사도 6,15

14　사도 8,1-2

15　사도 8,3

16　사도 9,1

17　사도 7,59

18　사도 7,60

19　사도 6,15

20　사도 8,1.3

21　사도 8,4

22　요한 4,38

율법이라는 두꺼운 벽

1　필리 3,6

2　우리는 사도행전의 기록에 의존하여 사울의 생애를 언급했다. 그러나 바오로의 서간과 비교해 볼 때, 이 부분에 대한 사도행전의 기록을 의심하는 학자들도 있다. 사울이 가말리엘의 문하생이었다는 점은 물론이고 스테파노 사건 때 예루살렘 혹은 다마스쿠스로 가는

길에서 신자들을 박해했다는 점도 그의 서간과 모순점을 보이기 때문이다. 또한 그가 박해를 지휘했다면 당연히 그의 이름은 유다인들에게 알려져 있을 터인데, 바오로 자신은 "유다에 있는 그리스도의 여러 교회에 얼굴이 알려지지 않았습니다."(갈라 1,22)라고 고백한다. 따라서 그의 유다인 박해는 유다 이외의 지역에서 행해졌다는 지적도 있음을 언급해 둔다.

3 사도 9,1
4 신명 21,23;27,26
5 로마 3,19-22
6 로마 8,18
7 로마 8,17
8 갈라 1,13
9 사도 9,3-5
10 사도 9,4
11 사도 9,8
12 사도 9,9
13 사도 9,18-19
14 사도 9,13
15 사도 10,14
16 사도 10,15

제2의 박해

1 마르 13,7-8.14
2 마르 13,19-20
3 마르 13,21
4 사도 12,1
5 사도 12,1
6 루카 9,51-56

7 창세 17,9-10

8 창세 17,14

9 마르 2,27

10 사도 13,1

11 사도 11,24

12 갈라 1,16-17

13 갈라 1,18-19

제자들과 바오로의 차이

1 마태 6,7

2 마태 10,5-6

3 마르 2,27

4 갈라 2,4

5 갈라 2,1-10

6 갈라 2,9

7 마르 14,52

8 시리아의 안티오키아와는 별개의 도시이다.

9 나는 예루살렘 사도 회의 내용과 그 이전의 바오로와 바르나바의 예루살렘 방문 내용을 사도행전의 기술에 따라 각각 별개의 사건으로 취급했다. 그러나 오늘날의 성서학자들은 이 두 가지 내용을 같은 사건으로 보기도 한다. 이에 대해 반대 의견도 있기 때문에 나는 일단 사도행전의 내용을 그대로 따른다.

10 사도 15,10

11 사도 15,20

12 1코린 7,19

13 로마 3,30

14 로마 2,14.25-26

15 로마 7,7-8

16 로마 7,19
17 로마 7,24

제2의 분열

1 갈라 2,11-13
2 갈라 2,14
3 2코린 11,3-4
4 갈라 1,6-7
5 사도 20,29-30
6 콜로 2,13-14
7 사도 16,37 이하
8 로마 1,13-15
9 로마 15,28
10 사도 17,25
11 사도 17,32
12 사도 17,33
13 사도 18,24
14 2코린 11,5-6

모든 길은 로마로 향한다

1 2코린 11,23-27
2 사도 19,34
3 2코린 11,23
4 필리 1,13
5 2코린 1,8-9
6 로마 15,23-26
7 사도 20,1-4

8　사도 21,10-12

9　로마 15,31-32

10　사도 21,20-22

11　1코린 9,20-23

12　사도 21,28

13　사도 24,23

14　사도 18,2

15　로마 16,7

16　사도 28,30-31

17　에페 6,20

18　콜로 4,18

19　필리 2,17

베드로와 바오로의 죽음

1　루키우스 안나이우스 세네카, 《서간집》

2　사도 28,31

3　2티모 2,9

4　2티모 4,6-8

5　2티모 4,8

6　2티모 4,6-8

7　2티모 4,8

8　요한 21,18-19

9　요한 21,18

10　요한 21,18

11　요한 13,36

12　요한 21,18

13　요한 21,18

14 히브 10,36-38
15 히브 12,5-6
16 히브 3,12

침묵의 하느님, 재림하지 않는 그리스도

1 시편 122,2.6-7
2 시편 46,5
3 이사 62,12

예수의 불가사의, 불가사의한 예수

1 마태 21,1-11;마르 11,1-11;루카 19,28-38
2 즈카 9,9
3 마르 15,15-19
4 이사 50,6
5 마르 15,20
6 시편 22,19
7 사도 2,36
8 콜로 1,15
9 콜로 1,20
10 《예수의 신비》, 블레즈 파스칼

역자 후기

1 루카 23,34
2 루카 23,46